DER WEG DER SINNE

Rothaarsteig© - Der Weg der Sinne!

Der Original ErlebnisWanderführer lädt Sie ein in die Wanderwelt Rothaarsteig©. Erleben Sie Natur pur, genießen Sie das Wandern mit allen Sinnen, lassen Sie Ihre Seele baumeln und gönnen Sie sich eine besondere Abwechslung vom Alltag.

Nutzen Sie den Wanderführer zur Orientierung auf Ihrer Fußreise über den Weg der Sinne. Verwenden Sie ihn aber auch, um zusätzliche Informationen über die kleinen und großen, natürlichen und von Menschenhand geschaffenen Besonderheiten im Rothaarsteig©-Land zu erfahren.

Von Brilon im Sauerland über das Wittgensteiner Bergland und das Siegerland bis nach Dillenburg am Fuße des Westerwaldes wurde der 154 km lange Höhenwanderweg mit dem Ziel nach höchster Qualität gänzlich neu angelegt. Konzipiert nach landschaftspsychologischen Gesichtspunkten bietet der Rothaarsteig© „Natur pur" auf Schritt und Tritt.

Genießen Sie die natürliche Stille auf dem Kamm des Rothaargebirges, erleben Sie die unvergleichlichen Aussichten in eine herrliche Waldgebirgslandschaft und steigern Sie so Ihr körperliches und geistiges Wohlbefinden.

Rasten Sie auf den speziell für den Rothaarsteig© entworfenen Ruhebänken, Waldliegen und Waldsofas und stärken Sie sich an den neu entworfenen Vesperinseln.

Lassen Sie sich in den Qualitätsbetrieben Rothaarsteig© verwöhnen, die noch mehr als eine deftige Brotzeit und ein bequemes Bett für Sie bereithalten.

Sie haben sich auf die Bedürfnisse des Wandergastes am Rothaarsteig© eingestellt und bieten rund um das Thema Wandern viele Informationen und einen besonderen Service. Gepäcktransport oder Reservierung, Kartenmaterial oder Ausrüstungsverleih - bleibt kein Wandererwunsch offen.

Genießen Sie regionaltypische Gerichte zur Mittagsrast oder komfortable Zimmer zur Nachtruhe auf den Etappen Ihrer Rothaarsteig©-Wanderung.

VO**RWE**G GEHEN MIT INTELLIGENTER ENERGIE.

Wir alle wollen die Energiewende, und wir alle gestalten sie mit. RWE bietet schon heute Möglichkeiten zur bewussten und effizienten Nutzung von Energie. Intelligente Ideen und Infos gibt's unter: vorweggehen.com

ABENTEUER WANDERN

Mit Kindern unterwegs am Rothaarsteig.

Mit der neuen Familien-Wanderkarte* „Der kleine Rothaar unterwegs auf dem Weg der Sinne" werden kindgerecht spannende Ziele am Rothaarsteig vorgestellt.

Denn der kleine Rothaar ist klein aber oho!

Er kennt sich aus und weiß viel Interessantes zu erzählen über die Natur und die Tiere seiner Heimat am Rothaarsteig. Gekleidet wie seine großen, realen „Brüder", die Rothaarsteig-Ranger, nimmt der kernige kleine Kobold Kinder und ihre Eltern mit auf spannende Wanderungen am „Weg der Sinne".

| 154 km | 3931 Höhenmeter |

DER WEG DER SINNE

Erwandern Sie

- Zahlreiche Aussichtspunkte über die schwingenden Landschaften des Rothaargebirges
- Eine Vielzahl naturnaher Pfade abseits land- und forstwirtschaftlicher Wege
- Eine Fülle naturkundlicher, kultureller und historisch interessanter Anlaufpunkte
- Erlebnispädagogisch gestaltete forstliche Präsentationen zu den Naturthemen Wald und Wasser
- Und vieles mehr...

Zusammen mit dem kostenlos erhältlichen Gastgeberverzeichnis und dem Reisemagazin zum Rothaarsteig© können Sie sich Ihre Wanderung auf dem Weg der Sinne ganz individuell zusammenstellen (siehe Seite 140).

Nutzen Sie den Hol- und Bringservice der Qualitätsbetriebe Rothaarsteig© in der näheren Umgebung des Rothaarsteiges©, falls am Ende Ihrer Tagesetappe keine Herberge direkt am Weg liegen sollte. Erweitern Sie Ihre Route über eine Vielzahl ebenfalls attraktiver Wanderwege, denen Sie im Verlauf des Rothaarsteiges© begegnen.

Was sollten Sie mitbringen?
- Gutes Schuhwerk
- Wetterfeste Kleidung
- Normale körperliche Kondition

Was sollten Sie nicht vergessen?
- Gute Laune !
- Freude an der Natur und am Wandern !

Wir wünschen Ihnen viel Spaß bei Ihrer Wanderung auf dem Rothaarsteig© - dem Weg der Sinne.

Der Rothaarsteig© ist als Premiumweg mit dem Deutschen Wandersiegel ausgezeichnet worden. Nähere Informationen dazu auch unter www.deutscheswanderinstitut.de

Rothaarsteig©
Postfach 1360 • 57378 Schmallenberg
Tel. 0 18 05/15 45 55* • Fax 0 18 05/15 45 65*
www.rothaarsteig.de • info@rothaarsteig.de
*14 Cent pro Minute aus dem deutschen Festnetz, Mobilfunkpreise können abweichen, max. 42 Cent pro Minute

Inhaltsverzeichnis

1. Rothaarsteig© - der Weg der Sinne .3

EINFÜHRUNG

2. Das Rothaarsteig©-Land – Natur und Kultur 6
3. Die Anreise 12
4. Tipps für unterwegs 14
5. Richtig Wandern 15

WEG UND KARTEN

6. Aufbau und Gebrauch des ErlebnisWanderführers 18
7. Übersichtskarte 20
8. Legende 21
9. Karten- und Textteil 22

SERVICE

10. Entfernungstabelle Hauptweg 130
11. Entfernungstabelle Zugangswege 132
12. Etappenvorschläge 134
13. Touristische Informationsstellen .135
14. Qualitätsbetriebe Rothaarsteig© .138
15. Rothaarsteig© – Produkte 140
16. Quellennachweis 142
17. Impressum 143

Das ROTHAARSTEIG® - Land: Natur und Kultur

Der Naturraum Rothaargebirge

Der Rothaarsteig® führt größtenteils durch den Naturraum des Rothaargebirges. Im Norden verläuft der Weg kurzzeitig durch das Nordsauerländer Oberland und die Sauerländer Senken. Der südlichste Abschnitt des Rothaarsteiges® – nördlich von Dillenburg – gehört zum Dilltal.

Die Westerwald-Variante westlich von Dillenburg berührt außerdem noch das Siegerland, den Hohen Westerwald und den Oberwesterwald.

Das Rothaargebirge ist ein waldreiches, zum Teil stark zerschluchtetes Mittelgebirge, das zum Rheinischen Schiefergebirge gehört. Es erstreckt sich mit Höhen bis über 840 m ü. NN zwischen den Flüssen Diemel im Nordosten und der Dill im Südwesten. Die zentrale Erhebung des Rothaargebirges ist der Kahle Asten mit 841 m ü. NN.

Der höchste Berg mit einer Höhe von 843 m ü. NN und damit auch der höchste Punkt Nordrhein-Westfalens ist der eher unauffällige Langenberg, der zwischen den Ortschaften Willingen und Niedersfeld an der Landesgrenze zu Hessen liegt.

Zwischen Brilon und der Ederquelle bildet der Scheitel des Rothaargebirges zugleich die Wasserscheide zwischen den Flussgebieten von Rhein und Weser. Zahlreiche Flüsse wie Dill, Sieg, Eder, Lahn, Lenne, Ruhr, Hoppecke und Möhne entspringen unmittelbar am Rothaarsteig®; in der Nähe des Steiges entspringen Diemel, Nuhne, Orke und Odeborn. Zur Weser hin entwässern Hoppecke, Nuhne, Orke, Odeborn, Diemel und Eder; die übrigen Flüsse fließen dem Rhein zu.

Das Klima im Rothaargebirge

Klimatisch betrachtet gehört das Rothaargebirge zum nordwestdeutschen Klimabereich, der überwiegend maritim geprägt ist und sich durch kühle Sommer und milde Winter auszeichnet. Es herrscht ein warm-gemäßigtes Regenklima vor.

Auf dem Kamm des Rothaargebirges ist es in der Regel mit Temperaturen von 5 - 6 °C im Jahresmittel deutlich kühler als in den Tälern mit Temperaturen von 8 - 9 °C im Jahresmittel.

Die Hochlagen sind niederschlagsreich und man findet in den Wintermonaten dementsprechend häufig eine geschlossene Schneedecke und Hochnebelfelder. Die Sommermonate sind dafür weniger heiß und von den Temperaturen her ideal zum Wandern.

Die Landschaft im Rothaargebirge

Steile Berge, unwegsames Gelände, karge Böden aus nährstoffarmen und zumeist kalkfreien Ausgangsgesteinen haben in Verbindung mit den klimatischen Gegebenheiten ganz wesentlich dazu beigetragen, dass sich eine Waldlandschaft entwickelt hat.

Rotbuchenwälder bilden auf den meisten Böden die von Natur aus ursprüngliche Vegetation des Rothaargebirges, die aber nur noch abschnittsweise die Wanderstrecke begleiten, so vor allem im Staatswald Hilchenbach entlang der Eisenstraße.

Viele malerische Wiesengründe entlang der Bergbäche wie im oberen Edertal, naturnahe Tümpel und Teiche, wollgrasreiche Moore und Birkenbrüche, Hutungen (Viehweiden) oder Waldweiden mit Wacholder in den Naturschutzgebieten bei Heinsberg, auf der Niedersfelder Heide sowie auf der Fuchskaute im Westerwald haben sich eine große Naturnähe bewahrt.

Ehemalige Köhlerdörfer wie Benfe und alte Kanonistensiedlungen wie Zinse, Hoheleye oder Langewiese sind Zeugen der kulturlandschaftlichen Entwicklung der Region.

Auf alten Rodungsinseln haben sich buntblumige Bergwiesen und mancherorts orchideenreiche Feuchtwiesen entwickelt, die dem Wanderer nach einer langen Fußreise durch Wälder eine willkommene Abwechslung bieten.

Da der Wald Einnahmequelle vieler Waldbauern ist, wurde er vielerorts in profitablere, aber zur Bodenversauerung neigende Fichtenforste umgewandelt. Die Stürme Anfang der 90er Jahre („Wiebke") mit ihren katastrophalen Windwurfschäden haben viele Waldbauern aufgerüttelt und davon überzeugt, einer naturnahen Waldbewirtschaftung den Vorzug zu geben.

Immer häufiger finden Naturfreunde daher auch Mischbestände aus Rotbuche, Fichten, Eberesche, Bergahorn und Eichen.

10 Audiowege entlang des Rothaarsteiges© bieten zusätzliche Informationen über den Naturraum Rothaargebirge.
Details unter www.rothaarsteig.de/audiowege

Die Geologie des Rothaargebirges

Die hügelige Form des Rothaargebirges ist geprägt vom Gesteinsaufbau des geologischen Untergrundes. Höhere Berge werden meist aus härteren Gesteinen wie Sandsteinen, Quarziten oder Vulkaniten, die Mulden und Senken hingegen aus den leichter verwitternden Tonschiefern aufgebaut.

Das Rheinische Schiefergebirge ist ein Rumpfgebirge, d. h. ein weitge-

NATUR UND KULTUR

hend abgetragenes älteres Faltengebirge, das aus Gesteinen des Erdaltertums (Paläozoikum) aufgebaut ist. Im Rothaargebirge sind das überwiegend Tonschiefer und Sandsteine aus der Devon-Zeit (vor 417 – 358 Millionen Jahren). Im Stadtgebiet von Brilon und nahe Dillenburg kommen auch Riffkalksteine der Mitteldevon-Zeit (vor etwa 380 Millionen Jahren) und Tonsteine sowie kieselige Gesteine der Unterkarbon-Zeit (vor 358 – 314 Millionen Jahren) vor. Zudem treten an mehreren Abschnitten des Rothaarsteiges© auch Einschaltungen vulkanischer Gesteine auf. Bei Brilon, Hildfeld und nahe Dillenburg sind es Diabase (Metabasalte) – basaltische Gesteine aus der Mitteldevon-Zeit. Nahe Olsberg-Bruchhausen bildet der Quarzporphyr der Bruchhauser Steine sehenswerte Felstürme, die fast 100 m über die heutige Geländeoberfläche hinausragen.

Sie sind Zeugen gewaltiger Vulkanausbrüche, die vor etwa 385 Millionen Jahren erfolgten. Am Rhein-Weser-Turm sind es Keratophyre aus der Unterdevon-Zeit.

Es handelt sich hier um vulkanische Ergussgesteine, die ehemals als Lava aus dem Erdinneren nach oben drangen, am Meeresboden austraten und durch den Kontakt mit dem Meer-

NATUR UND KULTUR

wasser rasch erstarrten. Die Westerwaldvariante westlich Dillenburg führt zudem auch über Basaltgestein aus der Tertiär-Zeit (vor etwa 10 Millionen Jahren), das zum Westerwälder Basaltgebiet gehört.

Wie ist das Rheinische Schiefergebirge entstanden?

Dort, wo sich heute das Rheinische Schiefergebirge erhebt, erstreckte sich im Erdaltertum ein weites Meer, auf dessen Boden Tone und Sande abgelagert wurden, die von einem im Norden gelegenen Festland durch Flüsse herantransportiert worden waren. Im Laufe der Jahrmillionen (vor 495 - 290 Millionen Jahre) wurden in dem so genannten Rheinischen Trog über 10.000 m Sedimente abgelagert.

Dies war nur möglich, weil sich der Meerestrog durch die hohen Sedimentanhäufungen auch gleichmäßig absenkte. Durch die hohe Auflast der Sedimente und deren tiefe Versenkung entwickelten sich hohe Drucke und Temperaturen. Allmählich wandelten sich so die Ablagerungen des Meeres zu Festgesteinen um (Diagenese).

Aus den Tonschlämmen und der feinen Tontrübe wurde Tonstein, aus den Sanden entstanden Sandsteine, Quarzite und Grauwacken. Aus den Riffen und Kalkschlämmen bildeten sich die Kalksteine. Die vulkanischen Laven und deren Auswurfprodukte wurden zu Vulkangestein (Diabase, Keratophyre und deren Tuffe). In der späteren Oberkarbon-Zeit, vor etwa 290 Millionen Jahren, wurde das Gebiet von gebirgsbildenden Bewegungen in der Erdkruste (Plattentektonik) erfasst. Durch die dabei entstandenen enormen Kräfte wurden die im Meer ehemals horizontal abgelagerten Schichten gefaltet, zerbrochen, gegeneinander verschoben und herausgehoben.

In einer letzten Phase der Gebirgsbildung wurden vor allem die Tonsteine durch den extremen Druck geschiefert und es entstanden die Tonschiefer, die dem Rheinischen Schiefergebirge seinen Namen gaben. Das so entstandene Faltengebirge ist vergleichbar mit den heutigen Alpen. In vielen Steinbrüchen direkt am Steig können Sie diese Entwicklung sehr gut erkennen.

Noch in der späten Oberkarbon-Zeit und vor allem in der darauf folgenden Perm-Zeit (vor 296 – 251 Millionen Jahren) kam es zur Verwitterung und Abtragung des Gebirges und es entstand ein Rumpfgebirge, das es bis heute geblieben ist.

Seit der frühen Quartär-Zeit, vor etwa 2 Millionen Jahren, wurde im Rheinischen Schiefergebirge bereits annähernd die Landschaftsform geschaffen, wie wir sie heute kennen. Das Rheinische Schiefergebirge wurde zu dieser Zeit immer noch herausgehoben und hebt sich auch heute noch um 3 - 5 mm in zehn Jahren. Abtragung und Hebung halten sich dabei in etwa die Waage.

Die Böden im Rothaargebirge

Bodentypologisch sind Braunerden in ihrer Verbreitung die dominierenden Böden im Rothaargebirge. Es sind Böden ohne wesentlichen Einfluss von Grundwasser oder Staunässe. Die typische homogene Braunfärbung wird durch die bei der Verwitterung von Silikaten entstehenden Eisenhydroxid- und Eisenoxidverbindungen (Brauneisen) verursacht, die andere Mineralkörner umhüllen.

Zudem werden bei dem Prozess der Verbraunung und Verlehmung Tonminerale neu gebildet. Die Braunerden enthalten erhebliche Humusanteile, im Mittel 3 - 6 Gew.-%. Dies ist typisch für die höheren Mittelgebirgslagen.

Braunerden am Rothaarsteig©, die aus älteren Verwitterungsbildungen entstanden sind, zeigen ein breites Spektrum an rötlichen oder braunroten Farbtönen. Mit steigendem Anteil von Lösslehm gehen die gelbbraunen Farbtöne mehr ins Ockerbraune über.

Braunerden zeichnen sich durch einen ausgeglichenen Luft- und Wasserhaushalt aus. Ihr Nährstoffangebot ist meist gering. Oft ist der Oberboden schon so verarmt, dass unter einer Humusauflage durchgehend ein sauergebleichter Auswaschungshorizont ausgebildet wurde. Diesen fortschreitenden Vorgang der Bodenbildung nennt man Podsolierung.

Neben den Braunerden in ihrer vielfältigen Ausprägung findet man in einigen Bereichen des Rothaarsteiges© Böden, die durch Stauwassereinfluss bestimmt werden, die so genannten Pseudogleye (s. S. 79 [Ederquelle]). In den Tälern trifft man hingegen auf Böden, die vom Grundwasser geprägt sind (Gleye, s. Seite 78 [Naturschutzgebiet Eicherwald]).

Der bodenkundliche Lehrpfad rund um das Forsthaus Hohenroth zeigt Ihnen anhand von 10 Bodenprofilen einen interessanten Blick in den Untergrund (Seiten 77/79).

Die Besiedlung des Rothaargebirges

Erste Besiedlungsspuren im Rothaarsteig©-Land sind aus dem 5. Jahrtausend vor unserer Zeitrechnung als Hinterlassenschaften einer frühen Jäger- und Sammlerkultur nachgewiesen. Aus der Latène-Zeit (400 v. Chr. bis 100 n. Chr.) stammen einige Wallburgen (z. B. Ginsburg) und Urnenfriedhöfe (z. B. Netphen-Deuz) in der Nähe des Rothaarsteiges©. Aus dem 6. Jahrhundert v. Chr. stammen die untereinander verbundenen Wall- und Grabenanlagen an den Bruchhauser Steinen.

Für den Zeitraum von 100 n. Chr. bis 800 n. Chr. gibt es nur sehr wenige Fundstücke, u. a. Keramikreste aus der römischen Kaiserzeit. Frühmittelalterliche Rennöfen als Hinweis auf die Verarbeitung von Eisenerzen sind bis zum heutigen Tage erhalten.

Vom 7. Jahrhundert n. Chr. an war das Rothaargebirge Schauplatz kriegerischer Auseinandersetzungen zwischen den Sachsen und den Franken unter Karl dem Großen. Viele Ortsnamen mit den Endungen -hausen oder -inghausen zeugen von sächsischen Niederlassungen. Entlang der Heidenstraße (im Bereich Winterberg verlaufen Rothaarsteig© und Heidenstraße parallel) und der Alten Römerstraße erfolgte die Christianisierung des Hochsauerlandes ab 772. In dieser Zeit wurden viele Urpfarreien gegründet.

Nach einer neuen Besiedlungswelle ab dem 8. Jahrhundert mit vielen neu gegründeten Siedlungen wurde im 12. Jahrhundert der Eisenerzbergbau über Tage vom Stollenbergbau mit Wasserabführung abgelöst. Im Sauerland wurden auch verschiedene andere Erze abgebaut.

Seit dem 16. Jahrhundert entwickelte sich im Rothaargebirge der Schie-

NATUR UND KULTUR

ferbergbau. Nach vorerst nur lokaler Bedeutung wurde der Schieferbergbau ab Mitte des 19. Jahrhunderts zu einer regional bedeutenden Industrie. Bergbaumuseen z. B. in Schmallenberg-Holthausen oder in Bad Berleburg-Raumland zeigen diese schwere und gefährliche Arbeit.

Das 19. Jahrhundert war der Beginn des industriellen Aufschwunges in den Gebieten links und rechts des Rothaarsteiges© mit einer Erweiterung des Straßennetzes und dem Aufbau des Schienennetzes. Die Entwicklung des Tourismus im Rothaargebirge erhielt durch die Gründung des Sauerländischen Gebirgsvereines e. V. im Jahre 1891 einen wichtigen Impuls.

Das Rothaargebirge als Grenze

Über den Kamm des Rothaargebirges verläuft nicht nur die Territorialgrenze zwischen der ehemaligen Grafschaft Wittgenstein und dem kurkölnischen Sauerland, sondern auch die Grenze zwischen dem westfälisch-niederdeutschen und dem hessisch-mitteldeutschen Sprachgebiet.

Deutliche Unterschiede in Konfession und Brauchtum, sprachliche Eigentümlichkeiten und unterschiedliche Geschichte und Besiedlung lassen sich an dieser Grenze nachweisen. An einigen Stellen weisen wir auf diese Besonderheiten mit Informationstafeln am Weg hin.

Der Naturpark Rothaargebirge

Der Naturpark Rothaargebirge wurde 1963 eingerichtet und umfasst die reizvolle Mittelgebirgslandschaft rund um den Rothaarsteig© zwischen der oberen Ruhr und der Lahn. Viele Park- und Rastplätze sowie Schutzhütten und andere Einrichtungen sind vom Naturpark errichtet worden und dienen als Grundlage für ausgedehnte Wanderungen. Am Kahlen Asten können Sie sich im Infocenter des Naturparks Rothaargebirge ausführlich informieren.

Der Name Rothaargebirge

Über die Herleitung der Landschaftsbezeichnung „Rothaargebirge" gibt es unterschiedliche Auffassungen. Das mittelniederdeutsche Wort „hare" steht für Anhöhe. Die Farbe „rot" könnte sich aus den (ansatzweise) rot gefärbten Oberböden im Südwesten des Rothaargebirges herleiten, wo hohe Eisenerzanteile dem Boden eine rötliche Farbe verleihen (Rothaar = rote Höhe).

Die Bezeichnung Rot kann aber ebenso von „rowe" oder „rouhe" abgeleitet sein, was soviel wie rau bedeutet (Rothaar = raue Höhe). Das „Haar" des Rothaargebirges könnte aber auch von „aha" oder „ara" (althochdeutsch oder alteuropäisch für Wasser) abgeleitet sein. Aufgrund des Wasserreichtums des Rothaargebirges ist auch diese Deutung nicht von der Hand zu weisen (Rothaar = raues bzw. rotes Wasser). In der Literatur werden mehrere Deutungen angeführt, eine eindeutige Herkunft ist offen.

Zentral gelegen im Herzen Deutschlands

Start- bzw. Endpunkte des Rothaarsteiges, **Brilon** im Sauerland und **Dillenburg** im Lahn-Dill-Bergland, sind wie viele andere „Tore" zum Rothaarsteig sowohl mit dem PKW als auch mit dem öffentlichen Personennahverkehr gut zu erreichen.

Bitte beachten Sie bei der Planung Ihrer Wanderung mit dem Öffentlichen Personennahverkehr (ÖPNV) folgendes:

Wir regen grundsätzlich an, zu Beginn Ihrer Wanderung den ÖPNV zur Fahrt vom geplanten Endpunkt der Wanderung zum Ausgangspunkt zu nutzen. So können Sie die Anreise besser planen, haben in der Regel bessere Verbindungen (besonders am Wochenende, wenn Sie vormittags starten) und sind zeitlich am Ende des Wandertages nicht gebunden (keinen Zeitdruck, da eigenes Fahrzeug am Ziel).

Sollten Sie von Dillenburg nach Brilon oder umgekehrt reisen wollen, können Sie dies mit der Bahn (über Siegen/Hagen oder über Kassel) oder aber mit einer Kombination aus Bahn und Bus tun. Im zweiten Falle empfehlen wir, den Abschnitt Dillenburg bis Altenhundem mit der Bahn zurückzulegen. Der Abschnitt Altenhundem bis Brilon kann dann mit dem Bus absolviert werden, wobei Ihre Verbindung über Schmallenberg führen sollte.

Bahnhöfe* am Steig

*Alle Bahnhöfe unter www.bahn.de

DIE ANREISE

Alternativ können Sie mit der Bahn den Abschnitt Dillenburg – Bad Berleburg bereisen. Die Busreise auf dem Abschnitt Bad Berleburg – Brilon sollte dann über Winterberg führen.

Mit der Bahn

Schnell und bequem können Sie mit der Deutschen Bahn zum Rothaarsteig reisen. Zahlreiche Kommunen am Steig verfügen über einen Bahnanschluss. Sollte Ihr Einstiegspunkt Brilon sein und Sie aus westlicher Richtung anreisen, empfehlen wir Ihnen mit dem Zug bis Bestwig zu fahren und dann auf den Bus umzusteigen, um zum Marktplatz in Brilon zu kommen (Startpunkt Rothaarsteig). Aus östlicher Richtung fahren Sie mit dem Zug zum Bahnhof Brilon-Wald und von dort mit dem Bus nach Brilon (Haltestelle Markt). In 2011 wurde der Bahnhof Brilon-Stadt wieder in Betrieb genommen, von dem aus es nur wenige Meter bis zum Startpunkt des Rothaarsteiges sind. Bitte beachten Sie bei Ihrer Fahrplanrecherche die Differenzierung der Bahnhöfe Brilon-Wald und Brilon-Stadt

In Dillenburg können Sie Ihre Wanderung auf dem Rothaarsteig direkt am Bahnhof beginnen.

Auskunftsstellen für den Bahnverkehr

Eine kostenlose Fahrplanauskunft erhalten Sie unter der Telefonnummer 0800/1507090.

Weitere Auskünfte und Fahrkarten im Internet unter: **www.bahn.de.**

Mit dem Bus

Der Rothaarsteig erstreckt sich über drei Bundesländer mit unterschiedlichen Verkehrsgesellschaften. Hier ein paar nützliche Adressen und Auskunftsstellen für den Busverkehr.

Wichtige Bushaltestellen am Rothaarsteig sind mit Namen in den Original Rothaarsteig Wanderkarten eingetragen. Bitte erkundigen Sie sich rechtzeitig nach den möglichen Verbindungen, da die Haltestellen unterschiedlich stark frequentiert sind. Falls Sie spontan ein Taxi benötigen, fragen Sie Ihren Hotelier oder erkundigen Sie sich bei einer der örtlichen Touristinformationen (Seite 135). Nutzer von Mobiltelefonen erreichen die nächstgelegene Taxizentrale unter der vorwahllosen Nummer 22456 (69 ct/Minute). Nutzer von Smartphones kommen mit der kostenlosen App Taxi Deutschland schnell ans Ziel. Taxi Deutschland ist im App Store und bei Google Play erhältlich. Mehr dazu im Rothaarsteig Wanderladen unter **www.rothaarsteig.de.**

Auskunftsstellen für den Busverkehr

Im Norden:	Regionalverkehr	Tel. 01803 – 504030*
	Ruhr-Lippe	www.rlg-online.de
Im Süden:	Verkehrsverbund	Tel. 01805 – 7684636*
	Lahn-Dill	www.rmv.de

*9 Cent/Min. aus dem deutschen Festnetz
- Mobilfunkpreise können abweichen

Tipps für unterwegs

Wegezustand
Wir haben uns zum Ziel gesetzt, den Rothaarsteig© auf möglichst naturnahen Pfaden abseits land- und forstwirtschaftlicher Wege zu führen. Dies hat auch zur Folge, dass sich der Wegezustand gerade bei anhaltender feuchter Witterung stellenweise entsprechend darstellt. Wetterfeste Kleidung und festes Schuhwerk sind somit ein Muss für Ihre Wanderung.

Wegeleitsystem Rothaarsteig©

An wichtigen Kreuzungen oder Verzweigungen markierter Wanderwege finden Sie eine Beschilderung, die Ihnen Nah- und Fernziele auf dem Rothaarsteig© und auf den parallelen oder querenden Wanderwegen angibt. Ergänzt werden diese Zielangaben mit den entsprechenden Kilometerangaben und natürlich auch mit den zugehörigen Wanderwegemarkierungen. Der Wanderführer ist bei Drucklegung auf dem aktuellen Stand der Wegeführung. Diese kann sich aus vielen Gründen geringfügig ändern. Bitte folgen Sie im Zweifel der Markierung des Weges oder den ausgewiesenen, meist vorübergehenden Umleitungen vor Ort.

Einkehr- und Übernachtungsmöglichkeiten
Bitte beachten Sie bei der Planung Ihrer Etappen auf dem Rothaarsteig©, dass über die gesamte Streckenlänge zurzeit noch nicht flächendeckend Einkehr- und Übernachtungsmöglichkeiten vorhanden sind. Insbesondere im südlichen Steigabschnitt empfehlen wir Ihnen, für Ihre Wanderung ausreichend Verpflegung für Ihre Tagestour mitzunehmen.

Achten Sie auf das 🍴 - Zeichen in unserer Wanderkarte. Es zeigt Ihnen lagegenau an, wo es Einkehrmöglichkeiten gibt.

Einkehrmöglichkeiten, die mit dem 🍴-Zeichen gekennzeichnet sind, haben nur zeitweise, zumeist nur an Wochenenden oder auf Anfrage geöffnet. Genauere Auskünfte erhalten Sie bei den jeweiligen Tourist-Informationen (Seite 135 bis Seite 137).

In unserem Gastgeberverzeichnis finden Sie eine Vielzahl von gastronomischen Betrieben, die Sie gerne mit regionaltypischer Küche während oder nach Ihrer Wanderung verwöhnen. (Weitere Informationen auf Seite 140).

Hilfe
Haben Sie sich den Fuß verknackst oder benötigen Sie für Ihr nächstes Etappenziel noch eine Unterkunft? Die touristischen Informationsstellen am Steig helfen Ihnen gerne weiter. Diese erreichen Sie von Montag bis Donnerstag zwischen 9.00 und 16.00 Uhr und Freitag von 9.00 bis 12.30 Uhr. Erweiterte Öffnungszeiten und Erreichbarkeiten können Sie der Auflistung ab Seite 135 entnehmen.

Nehmen Sie genügend Bargeld mit, denn nicht in jedem Ort am Rothaarsteig steht ein Geldautomat zur Verfügung und nicht in jeder Herberge ist die bargeldlose Zahlung möglich.

Richtig wandern ...

Genießen Sie Ihre Wanderung am Rothaarsteig©, aber bedenken Sie, dass sich die Wege, Wiesen und Wälder am Rothaarsteig" größtenteils in Privatbesitz befinden. Für die Waldbauern und Landwirte sind die umgebenden Wälder und Felder Teil ihrer Existenz, die es zu erhalten gilt. Bitte beachten Sie dies und verletzen Sie diese Gastfreundschaft nicht durch unbedachtes oder rücksichtsloses Handeln.

Unsere Wanderwelt Rothaarsteig© ist eine in weiten Teilen unberührte Landschaft. Helfen Sie mit, die großen und kleinen Naturwunder am Wegesrand zu erhalten:

- Unsere schwingende Landschaft ermöglicht Ihnen ein intensives Naturerlebnis. Achten und schützen Sie bitte diese Landschaft. Das Zelten und das Entfachen von Feuer außerhalb der ausdrücklich dafür vorgesehenen Plätze ist nicht gestattet.

- Wandern am Rothaarsteig strengt an. Wenn Sie sich gestärkt und erfrischt haben, nehmen Sie Ihr Verpackungsmaterial bitte wieder mit nach Hause oder in den nächsten Gasthof.

- Unsere Wanderwelt ist Lebensraum für Pflanzen und Tiere. Erleben Sie die jahreszeitlichen Genüsse und Düfte. Beobachten Sie das Treiben der Waldbewohner, ohne Ihre Ruhe zu stören. Lassen Sie Ihren Hund bitte nicht frei laufen.

- Wald und Feld sind auch Wirtschaftsraum. Waldbauern und Landwirte nutzen ihre Landschaft und erzeugen dort Naturprodukte. Nehmen Sie Rücksicht und haben Sie Verständnis, falls Ihnen Spuren dieser nachhaltigen Naturnutzung begegnen. Bitte beachten Sie kurzfristige Umleitungen, die wegen Holzeinschlag eingerichtet worden sind.

In Zusammenarbeit mit dem Waldbauernverband Nordhein-Westfalen e. V.

Liebe Radwanderer ...

...der Rothaarsteig© ist als Wanderweg konzipiert und deshalb sind zahlreiche Passagen enthalten, die nicht mit Fahrrädern zu befahren sind bzw. nach dem Landesforstgesetz (Radfahren nur auf festen Wegen) auch gar nicht befahren werden dürfen. Zudem werden diese oft mühsam mit Naturmaterialien hergerichteten Abschnitte durch Fahrräder zerstört. Wir bitten Sie herzlich, diese Strecken zu meiden und statt dessen alternativ befestigte Forstwege zu benutzen, die wir sukzessive beschildern werden. Vielen Dank.

Die ROTHAARSTEIG-Spuren
Rundwanderwege in Premiumqualität am WEG der SINNE.

154 km | 3931 Höhenmeter

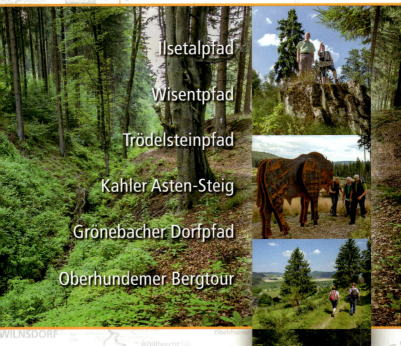

- Ilsetalpfad
- Wisentpfad
- Trödelsteinpfad
- Kahler Asten-Steig
- Grönebacher Dorfpfad
- Oberhundemer Bergtour

Der WEG - die SPUR:
Mit allen SINNEN erleben
Dem ALLTAG entfliehen
für TagesAUSFLÜGLER,
Wiederholungstäter
und StandortWANDERER

Die ROTHAARSTEIG-Audiowege

Zuhören, Staunen und Begreifen am WEG der SINNE.

154 km | 3931 Höhenmeter

- Bergwiesen & Wälder bei Winterberg
- Bergwiesen & Quellen bei Winterberg
- Niedersfelder Hochheide
- Das Helletal
- Großer Stein
- Ginsberger Heide
- Das Quellgebiet der Eder
- Gernsdorfer Weidekämpe
- Weier- und Winterbach
- Buchenwälder rund um Schanze

Der ROTHAARSTEIG.
Traumhafte NATUR erleben
WISSENSWERTES erfahren
Besonderes BEGREIFEN
GASTLICHKEIT genießen!

www.rothaarsteig.de

Aufbau und Gebrauch des ErlebnisWanderführers

Der ErlebnisWanderführer Rothaarsteig© ist keine ausführliche Wegebeschreibung, nach der Sie den Rothaarsteig© in eine Richtung abwandern können, wenngleich die Beschreibung der Punkte von Norden nach Süden erfolgt.

Der Wanderführer ist in drei Teile gegliedert: Einführung, Weg und Karten sowie Service.

Im ersten Teil führen wir Sie in den Naturraum des Rothaarsteiges© ein und geben Ihnen einige Hinweise zum Gebrauch dieses Führers und zur Planung Ihrer Wanderung.

Das Herzstück des Wanderführers besteht aus 26 Kartenausschnitten im Maßstab 1 : 25.000, die den gesamten Rothaarsteig© von Norden nach Süden umfassen.

Eine Übersicht über die Kartenausschnitte finden Sie auf Seite 20 zu Beginn des Kartenteiles. In diesen Karten sind neben dem Rothaarsteig© mit seinem rot-weißen Logo auch die Zugangswege zum Steig mit dem gelb-schwarzen Logo sowie alle anderen Wanderwege des Rothaarsteig©-Landes samt den zugehörigen Wanderwegesignaturen eingetragen.

Das Kartenbild entspricht dem der Rothaarsteig©-Wanderkarte, angereichert jedoch mit zusätzlichen Hinweisen zu den kleinen und großen Besonderheiten am Weg, den so genannten **„Landmarken"**. Diese, auch in der Natur sichtbaren Landmarken (Solitärbäume, Grenzsteine, Feldkreuze u. a.), helfen Ihnen bei der Orientierung auf Ihrer Rothaarsteig©-Wanderung.

Des Weiteren enthält jeder Kartenausschnitt eine **Kilometrierung** und ein **Höhenprofil** des Wegeabschnittes – zusätzliche Hilfen zur Planung Ihrer Tagesetappe. Zur Orientierung mit einem GPS-Gerät ist das **UTM-Koordinatensystem** auf die Karte aufgedruckt.

Besondere Punkte am Wegesrand sind mit einer ergänzenden Sprechblase gekennzeichnet. Auf den den Kartenausschnitten folgenden Textseiten finden Sie diese Landmarken in Wort und Bild ein wenig näher erläutert.

Anhand der farbig unterlegten Überschrift können Sie die Erläuterungen den folgenden Themenbereichen zuordnen:

Flora und Fauna	Geologie
Kultur und Historie	Wasser
Anekdoten, Sagen	Aussichten

Die gelben Sprechblasen am Rand der Kartenausschnitte weisen auf die Zielorte der jeweiligen Zugangswege des Rothaarsteiges© hin.

AUFBAU UND GEBRAUCH

Kilometrierung — Markierung — Höhenpunkt

UTM Koordinatensystem

Weitere Wanderzeichen

Sprechblasen weisen auf Textbeiträge hin

Höhenlinien im festen 20 Meter Abstand

Zusätzliche Symbole

Markierung Zugangsweg

Höhenangaben in Metern ü. NN

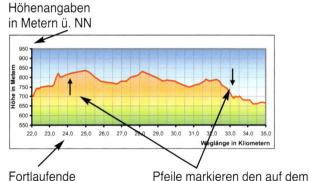

Fortlaufende Kilometrierung

Pfeile markieren den auf dem Kartenblatt dargestellten Wegabschnitt

Im letzten Teil des Rothaarsteig©-Wanderführers haben wir für Sie die wichtigsten Adressen und Ansprechpartner zusammengestellt. Die Touristikstellen am Rothaarsteig© sind Ihnen bei der Suche nach geeigneten Herbergen behilflich. Sie stehen aber auch als Ansprechpartner in anderen Fragen zur Verfügung, auch für den Fall, dass Sie unterwegs Hilfe benötigen. Im Anhang finden Sie ab Seite 140 auch Hinweise auf weitere Rothaarsteig©-Produkte wie unser Gastgeberverzeichnis und unsere Pauschalangebote.

ÜBERSICHTSKARTE

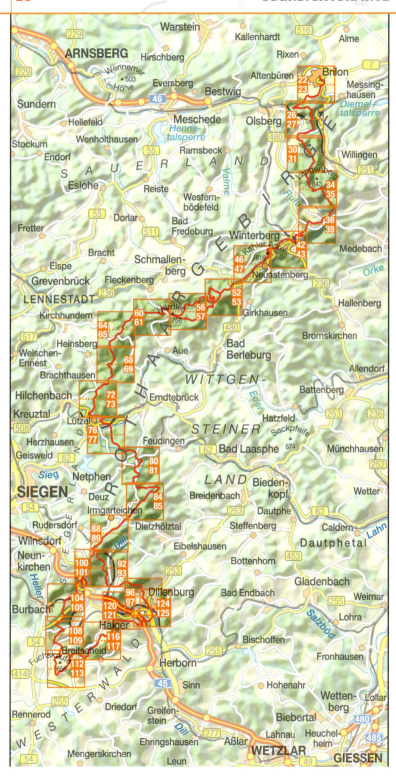

ZEICHENERKLÄRUNG

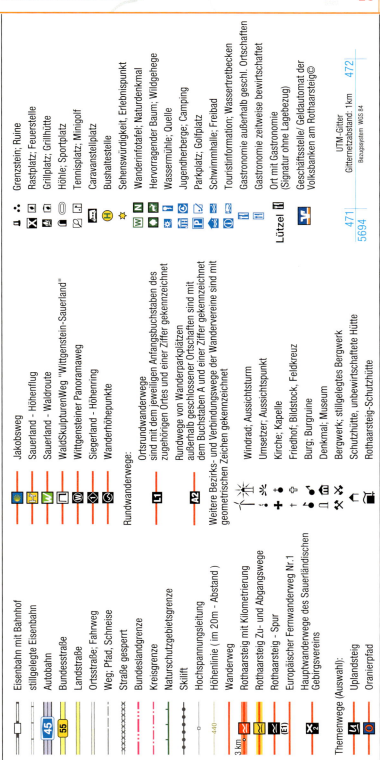

EINGANGSPORTAL BRILON

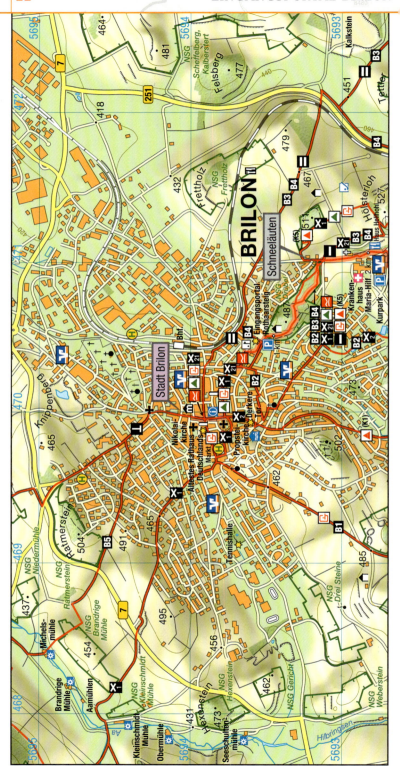

EINGANGSPORTAL BRILON

23

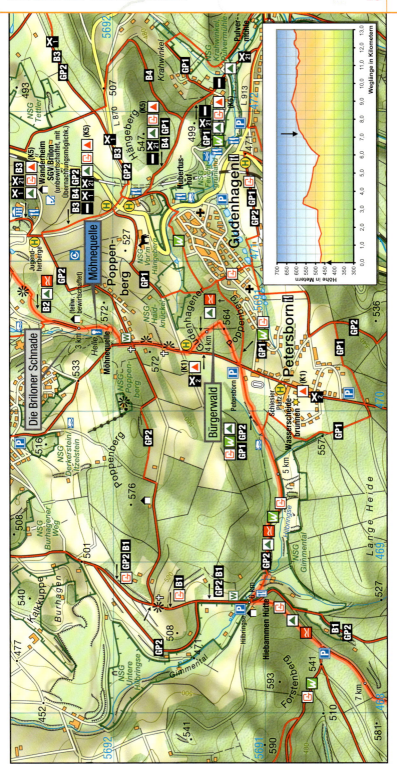

EINGANGSPORTAL BRILON

Länge: 7,4 km - Naturnahe Wege: 30 %, Befestigte Wege: 70 % - Höhendifferenz: 155 m, max. Steigung/Gefälle: 30 % - Wald: 48 %, Offene Landschaft: 39 %, Bebauung: 13 %

Zugangswege / Orte am Weg

Brilon

Einwohnerzahl: 14.328
Besonderheiten: Kneipp – Kurort, Rathaus mit Glocken- und Figurenspiel, Turmbesteigung der Propsteikirche von Mai bis Oktober.

Stadt Brilon

Brilon wird im Jahr 972 erstmals urkundlich erwähnt und bekommt 1220 das Stadtrecht zugesprochen. Ihre Blütezeit erlebte die Stadt im 13. und 14. Jahrhundert, als Kaufleute über den Frankfurter und Sauerländer Weg anreisten, um ihre Waren feilzubieten. Ein wirtschaftlicher Rückgang machte sich aber bereits im 15. Jahrhundert bemerkbar, als Fehden das durch Handel und Gewerbe reich gewordene Bürgertum wieder zum Bauernvolk werden ließen.

In der Mitte des Marktplatzes steht noch heute als markantes Wahrzeichen der Petrusbrunnen. Der auch als „Kump" bekannte Brunnen war der Endpunkt der ersten Wasserleitung, die aus handgebohrten Eichenrohren bestand und von 1360 bis 1818 eine wichtige Trinkwasserschöpfstelle war.

Der Start- und Zielpunkt des Rothaarsteiges® befindet sich auf dem Marktplatz. In 900 Metern Entfernung befindet sich das am Kreishaus gelegene Eingangsportal.

Schneeläuten

Alljährlich im Winter – in der Zeit vom 11. November bis zum 30. April – ist in Brilon abends um 20.55 Uhr der Klang der großen Glocken zu vernehmen.
Es ist überliefert, dass einstmals ein Briloner Bürger in der Dunkelheit und winterlichen Einsamkeit den Heimweg verfehlte und durch das Läuten der Glocken in die Sicherheit der Stadtmauern zurückgefunden haben soll.
Aus Dankbarkeit rief er eine Stiftung ins Leben, um auch zukünftig allen Verirrten durch das Schneeläuten eine sichere Rückkehr zu ermöglichen.
Während eines Schneesturmes läuteten die Glocken sogar über Stunden hindurch, wenn nicht die ganze Nacht. Dokumentiert ist, dass zwischen 1740 und 1839 mindestens 21 Briloner aufgrund der winterlichen Witterung ums Leben gekommen sind.

EINGANGSPORTAL BRILON

Zugangswege / Orte am Weg

Gudenhagen - Petersborn

Einwohnerzahl: 1.242

Die Briloner Schnade

Schnadezüge dienten in früherer Zeit dazu, den Gemeinbesitz festzustellen und zu bewahren (Schnade = Grenze). In Brilon werden bereits seit dem Jahre 1388 beim (damals) jährlichen Abschreiten der Gemarkungsgrenzen Schnadesteine gesetzt und daraufhin überprüft, ob sie auch unverrückt geblieben waren.

Die jungen Männer sollten sich zudem fest einprägen, wo das Briloner Stadtgebiet anfängt und aufhört. Ein Mann, der zum ersten Mal den Schnadezug miterlebt, wird von vier Männern an Händen und Füßen getragen und mit dem Gesäß mehrmals gegen einen Grenzstein gestoßen, damit er weder Grenzstein noch Schnade jemals wieder vergisst. Anschließend erhält er eine Plakette und eine Urkunde.

Noch heute hat der Schnadezug Tradition. Alle zwei Jahre wird jeweils ein Fünftel der alten Stadtgrenze abgelaufen, so dass sie in zehn Jahren einmal ganz umrundet und jeder Schnadeabschnitt in zehnjährigem Rhythmus begangen wird.

Möhnequelle

Durch Bachschwinden (Öffnungen, an denen das Wasser in einen unterirdischen Hohlraum fließt) ist es mitunter sehr schwierig, die Quelle eines Flusses genau zu bestimmen. Die Forschung nach den Ursprüngen der Möhne hat bisher kein eindeutiges Ergebnis gebracht.

Vermutlich entspringt die Möhne als Ahe oberhalb des Briloner Kurparks, verschwindet dann auf 3 Kilometern in Kalksandsteinklüften, um dann als Möhne geboren zu werden.

Es ist aber nicht gänzlich auszuschließen, dass die Möhnezuflüsse aus dem Raum Scharfenberg, Altenbüren oder Wülfte stammen, wo der Goldbach, die Drüggelerbecke oder der Moine Brunnen der eigentliche Quellfluss sein könnten. Die Möhne ist der erste große Nebenfluss der Ruhr, die sie schon nach 67,6 Kilometern bei Neheim aufnimmt.

Wer eine Aussicht auf die Briloner Kernstadt genießen möchte, kann einen kurzen Abstecher zur alten Sprungschanze am Poppenberg machen. Sie befindet sich etwa 100 Meter westlich der Möhnequelle.

Bürgerwald Brilon

Nach der Zerstörung des Waldes durch den Sturm Kyril im Januar 2007 wurden im Bürgerwald Brilon bis heute ca. 50.000 Bäume von über 30 Baumarten neu angepflanzt.

ÜBER DEN GINSTERKOPF

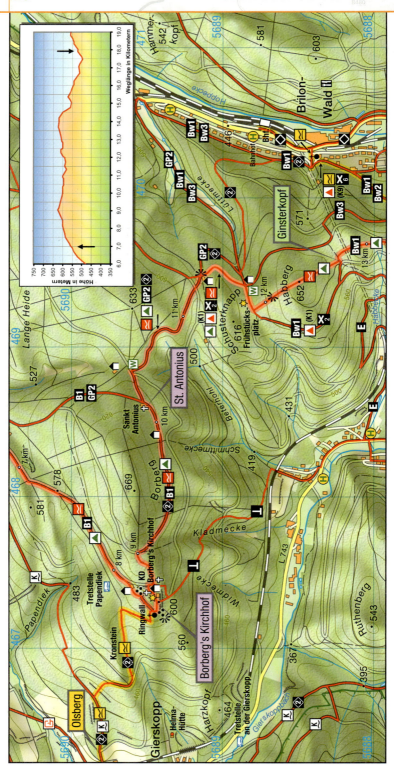

ÜBER DEN GINSTERKOPF 27

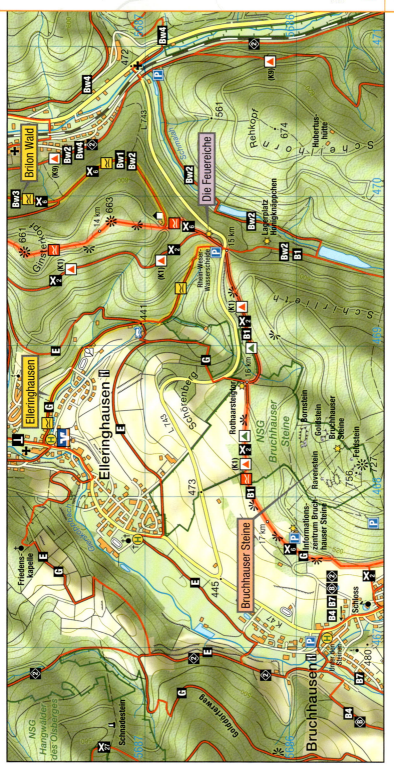

ÜBER DEN GINSTERKOPF

Länge: 11,1 km - Naturnahe Wege: 22 %, Befestigte Wege: 78 % - Höhendifferenz: 145 m, max. Steigung/Gefälle: 16 % - Wald: 93 %, Offene Landschaft: 7 %

Borbergs Kirchhof

Der Borberg hat eine reiche geschichtliche Vergangenheit. Unterhalb des Gipfels befindet sich ein großer, rasenbedeckter Platz, der als Kirchhof bekannt ist. Hier sollen in alten Zeiten an der Pest gestorbene Bewohner der umliegenden Ortschaften begraben liegen.

Der Kirchhof liegt inmitten einer frühmittelalterlichen Ringwallanlage, die eine dreieckige Grundform aufweist. Eines der drei Burgtore ist rekonstruiert worden.

Die ältesten Erdwälle stammen aller Wahrscheinlichkeit nach schon aus der Zeit um Christi Geburt, als sich germanische Stämme gegen die von Norden vordringenden Kelten verteidigten. Ausgrabungen auf dem Borberg legten außerdem die Grundmauern einer Kirche aus dem 13. / 14. Jahrhundert frei. Heute befindet sich am höchsten Punkt des Platzes die Borbergskapelle, die 1925 zu Ehren der Friedenskönigin Maria erbaut wurde.

Nach dem Ersten Weltkrieg wollten die Erbauer für den Frieden zwischen den Völkern, ein sichtbares Zeichen setzen.

St. Antonius

Ein Kind des Henricus Unckel aus Elleringhausen verirrte sich im Jahre 1747 bei einem Botengang nach Brilon im dichten Nebel.

Als das Kind nach Tagen wiedergefunden wurde, ließ der Vater aus Dankbarkeit über seine Heimkehr diesen Bildstock zu Ehren des Heiligen Antonius errichten, der immer dann gerufen wird, wenn etwas verloren gegangen ist.

Außerdem hat der Bildstock auch der Orientierung gedient, da sich im 18. Jahrhundert an dieser Stelle eine ausgedehnte Heidefläche befunden hat.

Die Feuereiche

Die „Feuereiche", ein ca. 11 m hoher Eichenstamm, zeigt anhand von kunstvollen Schnitzereien die Entwicklungsgeschichte des Menschen im Zusammenspiel mit der positiven und negativen Nutzung des Holzes und des Feuers.

Zugangswege / Orte am Weg

Olsberg

Einwohnerzahl: 4.041
Besonderheiten: Kneipp - Kurort
Länge: 3,7 km
Kontinuierlicher Abstieg von 600 m ü. NN auf 330 m ü. NN.

Brilon Wald

Einwohnerzahl: 553
Länge: 2,5 km
Abstieg von 600 m ü. NN auf 450 m ü. NN in den Ort hinab.

ÜBER DEN GINSTERKOPF 29

Sie wird von einem bronzenen Feuerband umschlungen, das aus dem Boden kommt und bis hoch in die Krone reicht. Dort endet es in einer Flamme, die durch metallisch bunte Titanbleche visualisiert wird.

Ginsterkopf

Der Rothaarsteig führt über drei Bergkuppen und stellt auch für geübte Wanderer eine konditionelle Herausforderung dar.

Belohnt wird man aber durch mehrere grandiose 360° - Aussichten, die es an Tagen mit guter Fernsicht ermöglicht, bis zur Paderborner Hochfläche (ca. 50 km) zu schauen.

Bruchhauser Steine

Die Bruchhauser Steine, vier Porphyrfelsen auf dem 760 m hohen Istenberg bei Olsberg, sind als markante Landschaftspunkte weithin sichtbar. Sie tragen die Namen Bornstein (92 m hoch), Goldstein (60 m hoch), Ravenstein (72 m hoch) und Feldstein (45 m hoch).

Diese Felsriesen sind erdgeschichtlich in der Devonzeit vor 400 – 350 Millionen Jahren als vulkanische Lava aus Erdtiefen empor gedrungen. Durch Ausspülungen und Verwitterung schälten sich die harten Porphyrkerne als Einzelfelsen heraus.

Sie sind schon in vorgeschichtlicher Zeit ein Anziehungspunkt und bemerkenswerter Versammlungsort gewesen. Als gigantische Eckbastion waren die Felsen einst mit Wällen verbunden und bildeten Bestandteile der ältesten Wallburg des Sauerlandes. Einige Wälle sind noch deutlich erkennbar.

Bei Ausgrabungen wurden Gefäßscherben gefunden, die den Beginn der Anlage in die ältere Eisenzeit (etwa 400 v. Chr.) datieren.

Besondere Bedeutung haben die Bruchhauser Steine für den Naturschutz, da sie der erste Platz in Nordrhein - Westfalen waren, an dem sich der ausgestorbene Wanderfalke seit 1989 wieder angesiedelt hat.

Außerdem befinden sich die Steine auf der Wasserscheide zwischen Rhein und Weser (s. S. 103).

Zugang zu den Bruchhauser Steinen nur über das Informationszentrum, ganzjährig geöffnet: vom 1. April bis 31. Oktober (9.00 bis 18.00 Uhr) und vom 1. November bis 31. März (11.00 bis 16.00 Uhr), eintrittspflichtig.

Zugangswege / Orte am Weg

Elleringhausen

Einwohnerzahl: 1.200
Länge: 1,9 km
Zum Teil steiler Abstieg auf 400 m ü. NN.

SAUERLÄNDER BERGWELT

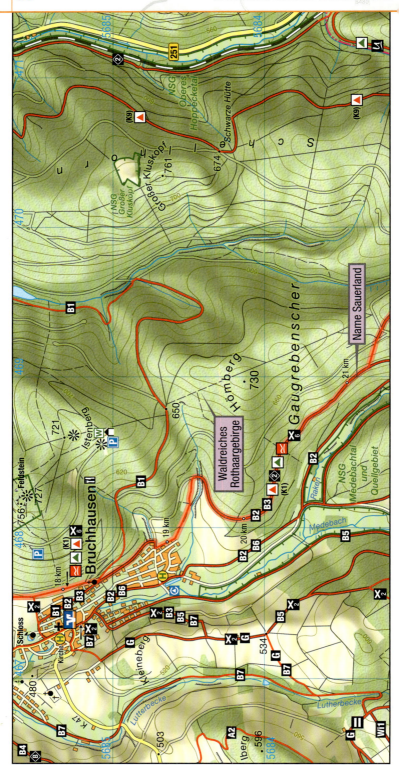

SAUERLÄNDER BERGWELT 31

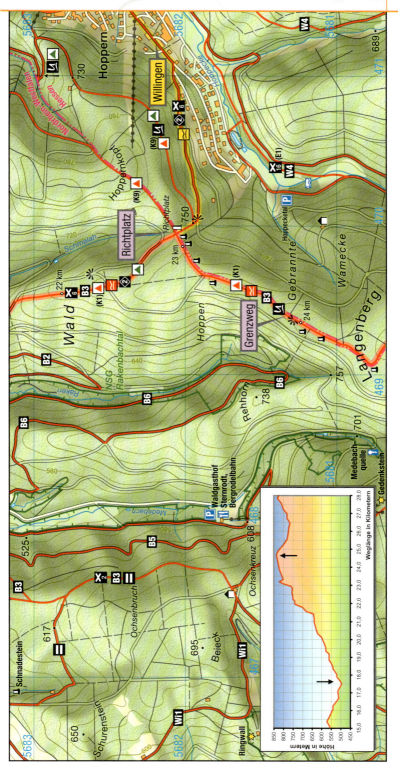

Sauerländer Bergwelt

Länge: 7,1 km - Naturnahe Wege: 24 ‰, Befestigte Wege: 76 ‰ - Höhendifferenz: 340 m, max. Steigung/Gefälle: 29 % - Wald: 88 %, Offene Landschaft: 12 %

Waldreiches Rothaargebirge

In vorgeschichtlicher Zeit war das Rothaargebirge eine unberührte, wilde und bis in die Täler bewaldete Landschaft. Steile Berge, unwegsames Gelände und karge Böden haben in Verbindung mit rauen klimatischen Verhältnissen dazu beigetragen, dass dieses ausgedehnte Waldgebirge erst spät von Menschenhand geprägt worden ist. Zunächst wurden die Wälder in den Tallagen gerodet und besiedelt, später nutzten die Menschen aber auch die Hanglagen und Bergrücken.

Bis vor ungefähr 200 Jahren war das Sauerland überwiegend mit Laubwald bestockt. Das Holz verwendete man zum Hausbau, als Brennholz, zur Produktion von Holzkohle und zur Anfertigung von Haushaltswaren. Eine weitere Nutzung war die Viehhude. Rinder, Ziegen und Schafe wurden in den Wald getrieben, im Herbst wurden die Schweine mit Eicheln und Bucheckern gemästet. Außerdem nutzte man das Laub aus dem Wald sowie Grassoden und Waldboden als Einstreu für den Stall. Durch diese jahrhundertelange Übernutzung des Waldes verarmte der Waldboden zunehmend, so dass um 1800 nur noch 1/3 des Sauerlandes bewaldet war.

Holznot entgegenzuwirken, wurden die Viehhude und die Entnahme von Laubstreu Anfang des 19. Jahrhunderts verboten. Weite Teile der Heide wurden mit der anspruchslosen und schnellwüchsigen Fichte aufgeforstet.

Heiden und Grassteppen mit vereinzelten Bäumen und Büschen prägten die Landschaft. Die verbliebenen Wälder waren überalterte, lichte Haine mit großkronigen Baumveteranen. Um der weiteren Zerstörung der Wälder und der

Name Sauerland

Das Sauerland wird auch „Land der tausend Berge" genannt. Genau genommen sind es insgesamt 2.711 Berge. Der Name lässt sich nicht von dem uns bekannten Wort „sauer" ableiten, sondern viel mehr aus dem plattdeutschen Sprachgebrauch, wo es „Suerland" heißt. Der Ausdruck „suer" bedeutet dabei soviel wie „schwierig".

Die alten Sauerländer sagen zum Beispiel: „De Aarbet was suer, un et is ne suren Dag wäst!" Als Karl der Große mit seinen Soldaten durch das Sauerland zog, soll er, nachdem die Landschaft wieder flacher wurde, gesagt haben: „Dies war mir ein suer Land."

Zugangswege / Orte am Weg

Bruchhausen

Einwohnerzahl: 1.280
Besonderheiten: Europa – Golddorf, historische Schlossanlage mit Hofbrauerei und Kutschenmuseum, Sommerrodelbahn am Sternrodt.

Zugang zu den Bruchhauser Steinen unter Nutzung der Hauptwanderstrecke Rothaarsteig® nur über das Informationszentrum, ganzjährig geöffnet: vom 1. April bis 31. Oktober (9.00 bis 18.00 Uhr) und vom 1. November bis 31. März (11.00 bis 16.00 Uhr), eintrittspflichtig

SAUERLÄNDER BERGWELT

Zugangswege / Orte am Weg

Willingen (Upland)

Einwohnerzahl: 2.462
Besonderheiten: Aussichtsturm auf dem Ettelsberg, Mühlenkopfschanze, Sommerrodelbahn, Besucherbergwerk, Kneipp - Kurort
Länge: 3,2 km
Kontinuierlicher Abstieg von 752 m ü. NN um 172 Höhenmeter in die Stadt. Der Weg führt durch den Willinger Ortsteil Hoppern.

Richtplatz

Es war immer ein besonderes Recht des „Freien Mannes", über seinesgleichen Recht zu sprechen. In späterer Zeit rissen auch Grundherren, Adelige und Vögte dieses Recht an sich. Es war ja auch lukrativ, Hab und Gut von Verurteilten in eigenen Besitz zu nehmen. Oftmals lagen die freien Gerichte abseits der Orte. Hier am Richtplatz befand sich zum Beispiel jahrhundertelang die Gerichtsstätte des Gaugerichts Medebach. Das Urteil der Richter lautete dabei immer entweder Freispruch oder Tod, etwas anderes gab es nicht.
Im Randbereich des Richtplatzes ist ein Stein aufgestellt worden, der eine Bronzetafel trägt. Das darauf abgebildete Schwert verkörpert dabei das Symbol für Gerichtsbarkeit und bedeutet nicht, dass der Verurteilte mit dem Schwert hingerichtet wurde. „Aufhängen am nächsten Baum" war die übliche Art der Vollstreckung.
War der Verurteilte nicht anwesend, fiel er in „Acht und Bann". Er war damit geächtet und jedermann konnte die Todesstrafe vollstrecken, ohne mit Konsequenzen rechnen zu müssen.

Grenzweg

Am Richtplatz befinden sich historische Grenzsteine, die ursprünglich die Grenze zwischen dem kurkölnischen Sauerland und dem Waldecker Land markierten. Auf der einen Steinseite ist noch das kurkölnische Kreuz zu erkennen, auf der anderen der Waldecker Stern. Noch heute verkörpern die Grenzsteine die Grenze zwischen Nordrhein – Westfalen und Hessen. Der Rothaarkamm fungierte über Jahrhunderte hinweg als Grenzlinie.
Nicht selten ist in früheren Zeiten versucht worden, Grenzsteine unbemerkt zu verrücken, um sich damit einen Vorteil zu verschaffen. Dabei ging man allerdings laut eines Gerüchts Gefahr, dass man nach seinem Tode solange als Geist spuken müsse, bis man wieder erlöst wird.
Es hieß, der Geist wandere immer um Mitternacht an der Stelle umher, an der er die Tat begangen hat. Den versetzten Grenzstein mit beiden Händen angefasst auf der Schulter tragend, höre man ihn ängstlich rufen: „Bo soll ech en henn dunn?" Erbarmt sich der Angeredete seiner, so antwortete er: „Bo du en krege host!" Damit ist der Geist dann erlöst und kommt zur Ruhe.

HOCHHEIDE NEUER HAGEN

Länge: 9,1 km - Naturnahe Wege: 51 %, Befestigte Wege: 49 % - Höhendifferenz: 180 m, max. Steigung/Gefälle: 27 % - Wald: 70 %, Offene Landschaft: 30 %

Langenberg

Das Sauerland erreicht im Bereich des Rothaargebirges seine größten Höhen mit durchschnittlich 700 m ü. NN. Der Langenberg ist mit 843 m ü. NN der höchste Berg Nordrhein-Westfalens und überragt somit den wesentlich bekannteren „Kahlen Asten" um genau zwei Meter. Es gibt keine Fernsicht.

Niedersfelder Hochheide

Der „Neue Hagen" ist mit ca. 77 ha das größte zusammenhängende Heidegebiet in Nordrhein-Westfalen. In den vergangenen Jahrhunderten wurde das Vieh in den Sommermonaten in die Wälder getrieben, um sich dort zu ernähren. Die Talwiesen wurden zur Gewinnung von Heu als Wintervorrat genutzt.

Jeden Herbst zogen die Bauern in die Waldweidegebiete und plaggten mit breiten Plagghacken die oberste Schicht des Bodens ab (Der Begriff „Plackerei" kommt daher!). Die Grassoden wurden ins Dorf gefahren und dienten im Winter als Stallstreu, welche anschließend wieder auf den kärglichen Feldern verteilt wurde. Dadurch wurden die Äcker natürlicherweise gedüngt und ihre Leistungsfähigkeit erhalten. Im Wald dagegen verarmte der Boden und anspruchslose Arten wie Besenheide und Heidelbeeren siedelten sich an. Bis 1920 wurde die Hochheide regelmäßig geplaggt, bis 1950 nur noch sporadisch. Auf diese Weise kam es zu einer allmählichen Verbuschung und besonders Pappeln, Weiden und Birken fassten Fuß und breiteten sich aus.

Um die komplette Waldbildung zu verhindern und um diese historische Kulturlandschaft zu erhalten, ist die Weiterführung der ehemaligen Nutzung notwendig. Deshalb werden seit Mitte der 80er Jahre umfangreiche Maßnahmen wie Gehölzrodungen, Schaf- und Ziegenbeweidungen und maschinelles Plaggen durchgeführt.

Ein besonderes Erlebnis stellt sich ein, wenn man aus dem ringsum geschlos-

Zugangswege / Orte am Weg

Niedersfeld

Einwohnerzahl: 2.005
Besonderheiten: Mühlenbesichtigung
Länge: 3,2 km
Kontinuierlich steiler Abstieg um 250 Höhenmeter von 780 m ü. NN auf 530 m ü. NN.

Hildfeld

Einwohnerzahl: 677
Länge: 2,0 km
Kontinuierlicher Abstieg von 750 m ü. NN um 130 Höhenmeter in den Ort.

Schwalefeld

Einwohnerzahl: 600
Besonderheiten: Schwaleburg
Länge: 8,5 km
Kontinuierlicher Abstieg von 760 m ü. NN um 260 Höhenmeter in den Ort.

HOCHHEIDE NEUER HAGEN 37

senen Wald überraschend auf diese große Freifläche tritt. Zum Ende des Sommers wird dieser Eindruck durch die blühende Heide noch verstärkt.

Diabassteinbruch

Der Untergrund des Rheinischen Schiefergebirges besteht aus den Ablagerungen eines Meeres, welches im Erdaltertum vor 380 Millionen Jahren weite Teile Mitteleuropas bedeckte.

Damals ergossen sich immer wieder vulkanische Massen auf den Meeresboden oder drangen in die Sedimentschichten ein. Dort erkalteten sie und wurden von Meeresablagerungen erneut zugedeckt.

Der zunehmende Druck verwandelte diese Schichten anschließend zu verschiedenartigen Gesteinen vulkanischen Ursprungs. Dazu gehören zum Beispiel der Diabas (auch Grünstein genannt) und der Porphyr, aus dem die Bruchhauser Steine bestehen.

Diabas eignet sich hervorragend für den Straßenbau und wird als Untergrundmaterial für Eisenbahndämme verwen-

det. Die tägliche Förderung beträgt in diesem Steinbruch etwa 3.000 Tonnen.

Aussicht am Clemensberg

An der Kante des Steinbruchs ist ein Gipfelkreuz errichtet worden, von dem sich ein weitreichender Panoramarundblick eröffnet. Über diesen tiefen Einschnitt blickt man zunächst zum Skihang des markanten Schlossbergkegels bei Küstelberg, weiter rechts zur Alten Grimme, zum Fernsehturm des Bollerbergs, zu den Skihängen der Ziegenhelle oberhalb von Züschen und zur Stadtmitte von Winterberg.

Dahinter ragt der Kahle Asten mit dem Astenturm auf. Weiter westlich sieht man den Fernsehturm auf der Hunau, im Norden den Langenberg. Bei dem hoch über Willingen liegenden Rothkopf und Hohen Eimberg endet der Rundblick. In dem Talzusammenfluss von Schweimecke, Westernau, Gröne und Hille liegen die Dörfer Hildfeld und Grönebach.

Hoppeckequelle

Der östliche Teil des „Neuen Hagen" hat einen wesentlich feuchteren Untergrund und wird von einigen Quellmulden durchzogen.

Im Laufe der Jahrhunderte haben sich kleine Moorbereiche gebildet, die heute wichtige Lebensräume für gefährdete Tiere und Pflanzen darstellen.

Zugangswege / Orte am Weg

Titmaringhausen

Einwohnerzahl: 192
Besonderheiten: Fachwerkhaus Fresenhof
Länge: 5,1 km
Bewegter Abstieg auf 500 m ü. NN.

Düdinghausen

Einwohnerzahl: 459
Besonderheiten: Regelmäßige Drechselvorführungen
Geologischer Rundweg
Länge: 10,2 km
Bewegter Abstieg über die Kahle Pön auf 500 m ü. NN.

Usseln

Einwohnerzahl: 1.723
Besonderheiten: Milchmuseum
Länge: 8,8 km
Abstieg um 180 Höhenmeter auf 600 m ü. NN, vorbei an der Diemelquelle.

MITTELALTERLICHE HANDELSWEGE

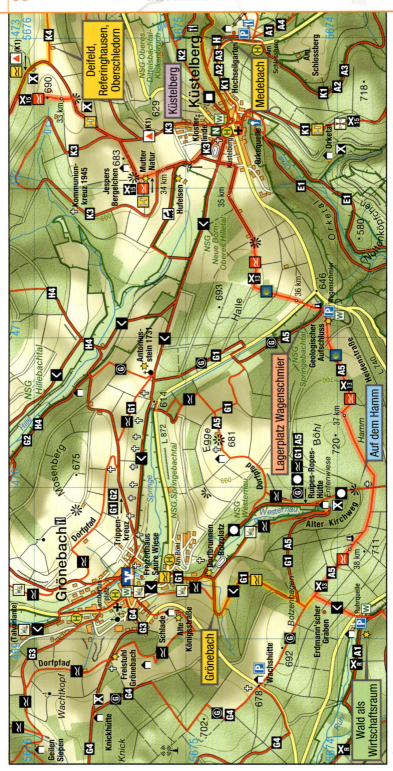

MITTELALTERLICHE HANDELSWEGE

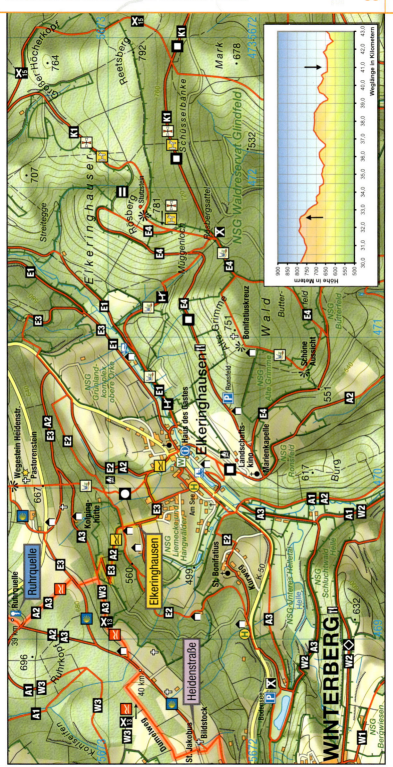

MITTELALTERLICHE HANDELSWEGE

Länge: 8,5 km - Naturnahe Wege: 37 %, Befestigte Wege: 63 % - Höhendifferenz: 180 m, max. Steigung/Gefälle: 24 % - Wald: 47 %, Offene Landschaft: 53 %

Küstelberg

Die Ursprünge Küstelbergs gehen zurück auf ein 1152 gegründetes Augustinerinnenkloster. 1297 wurde es vermutlich wegen der widrigen klimatischen Verhältnisse nach Glindfeld verlegt. An gleicher Stelle errichtete man die katholische Kirche. Marktkant ist eine etwa 500

Jahre alte Linde, die auf dem Marktplatz steht. Am östlichen Dorfrand bildet der Schlossberg mit 790 m ü. NN die höchste Erhebung der Umgebung. Im Mittelalter war der Ort der Hanse angeschlossen und zweimal im Jahr fanden große, überregionale Märkte statt. Von 1903 bis 1953 lag in Küstelberg der höchstgelegene Bahnhof der „Kleinbahn Steinhelle - Medebach", einer Schmalspurbahn, die den großen Höhenunterschied von Wissinghausen mittels einer Spitzkehre überwinden musste (einmalig in Deutschland!).

Lagerplatz Wagenschmier

Auf dem Parkplatz stehend blickt man auf eine steile, fast 15 Meter hohe Kieswand. Es handelt sich hierbei um ein Überbleibsel von Gesteinsmassen aus geschieferten Ton- und Schluffsteinen, die in verschiedenen Schichten unterschiedlicher Gesteinsgrößen während der letzten Eiszeit vor etwa 1 Million Jahren hier abgelagert wurden.

Dieses Lockergestein wurde lange Zeit abgebaut und als Wegebaumaterial genutzt. Der dadurch entstandene Platz wurde im Mittelalter oft von Handelsleuten und fahrendem Volk als Lagerplatz aufgesucht. Wie der Name schon sagt,

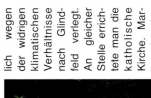

ist der Untergrund bei Regenwetter schmierig, so dass die eisenbereiften Wagen sich damals oft tief eingegraben haben.

Ein großartiger Platz für Kinder, auf dem es eine Menge zu entdecken gibt!

Auf dem Hamm

Am Wegekreuz „Auf dem Hamm" wird der Rothaarsteig® von dem alten Kirchweg Elkeringhausen – Grönebach gequert. An dieser Stelle lohnt es sich, wenige Meter bis zum Waldrand zu gehen,

Zugangswege / Orte am Weg

Referinghausen

Einwohnerzahl: 253
Länge: 6,8 km
Abstieg auf 450 m ü. NN.

Oberschledorn

Einwohnerzahl: 847
Länge: 9,3 km
Abstieg auf 450 m ü. NN.

Deifeld

Einwohnerzahl: 285
Länge: 3,9 km
Abstieg auf 500 m ü. NN.

Küstelberg

Einwohnerzahl: 231

MITTELALTERLICHE HANDELSWEGE

Zugangswege / Orte am Weg

Medebach
Einwohnerzahl: 4.772
Länge: 9,4 km
Abstieg um 260 Höhenmeter von 670 m ü. NN auf 410 m ü. NN. Der Weg führt am Schlossberg vorbei und wird ein Stück vom Gelängebach begleitet.

Grönebach
Einwohnerzahl: 721
Länge: 1,7 km
Kontinuierlicher Abstieg um 120 Höhenmeter von 680 m ü. NN auf 560 m ü. NN.

Elkeringhausen
Einwohnerzahl: 446
Länge: 1,7 km
Abstieg von 680 m ü. NN auf 550 m ü. NN in den Ort hinab.

---

denn dort eröffnet sich eine Aussicht auf die Winterberger Altstadt und Hochflächen.

Wald als Wirtschaftsraum

Der Baustoff Holz spielt in unserer Welt eine tragende Rolle. Je nach Einsatz und Verarbeitung vermittelt er Solidität oder Leichtigkeit, Gemütlichkeit oder Eleganz.

Aber bis zum fertigen Dachstuhl, Fenster, Schrank oder Carport durchläuft das Holz zahlreiche Verarbeitungsschritte.

In den Pavillons wird der Kreislauf Wald - Holz - Holzprodukt - Nutzung durch den Menschen - Thermische Verwertung - Wald vorgestellt. Die Station zeigt eine Vielzahl an unterschiedlichsten Holzprodukten und erklärt, wie sie dem Wald nach ihrer thermischen Verwertung wieder zur Verfügung stehen.

Ein Erlebnis der besonderen Art für Groß und Klein ist dabei das selbständige Ausprobieren, Entdecken und Erfahren des Natur- und Werkstoffes Holz. Für die Erkundung der ganzen Station ist der Einsatz aller Sinne gefragt.

Ruhrquelle

Die Ruhr entspringt in einer Höhe von 674 m ü. NN und legt einen Weg von ca. 217 Kilometern zurück, bevor sie in Duisburg – Ruhrort in den Rhein mündet. Die Ergiebigkeit der Quelle ist recht gering und liegt im Mittel bei 0,7 Litern pro Sekunde.

An dieser Stelle stehend ist es schwer vorstellbar, dass die Ruhr im weiteren Verlauf über 5 Millionen Menschen mit Trinkwasser versorgt.

Die von Sitzsteinen umgebene Quelle lädt zur Rast und Kühlung der Füße ein.

Heidenstraße

Die Heidenstraße durchquert das Hochsauerland in West – Ost – Richtung und ist Teil der mittelalterlichen, überregionalen Verkehrsverbindung von Köln nach Leipzig. Vermutlich existierte sie bereits zu römischer Zeit. Belegt ist, dass sie im Jahre 1000 n. Chr. von Otto III. während einer Reise benutzt wurde. Der Straßenverlauf wurde bewusst über die hohen Kammlagen des Rothaargebirges gewählt, da man dort „festen Boden unter den Rädern hatte."

Die Heidenstraße war noch weit bis in das 19. Jahrhundert in Gebrauch, bis durch die preußische Regierung Kunststraßen (so genannte Chausseen) gebaut wurden und die traditionellen Verkehrswege zunehmend an Bedeutung verloren.

AUF DEM DACH WESTFALENS

AUF DEM DACH WESTFALENS 43

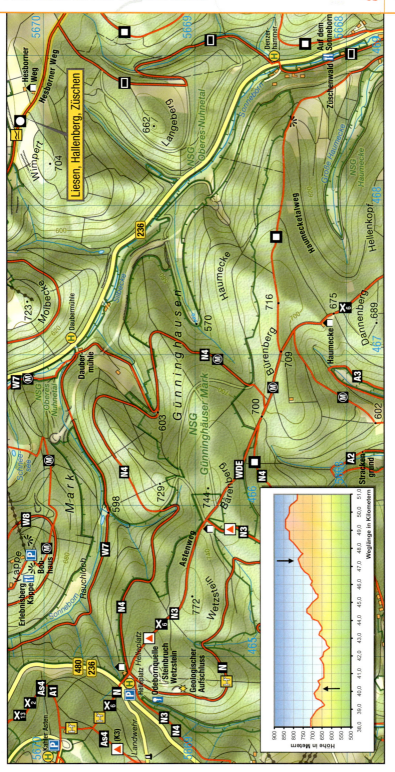

AUF DEM DACH WESTFALENS

Länge: 7,2 km - Naturnahe Wege: 17 %, Befestigte Wege: 83 % - Höhendifferenz: 230 m, max. Steigung/Gefälle: 21 % - Wald: 39 %, Offene Landschaft: 57 %, Bebauung: 4 %

Jakobusbildstock am Dumel

Dieser Bildstock wurde im Jahr 2000 zu Ehren des Apostels Jakobus des Älteren errichtet, denn an dieser Stelle befindet man sich auf dem Jakobsweg, dem historischen Pilgerpfad nach Santiago de Compostela / Spanien.

Ein Stück weit verläuft die alte Heidenstraße parallel, bevor sich die beiden Wege wieder trennen. Ihre größte Bedeutung hatten sie im 14. und 15. Jahrhundert, da in dieser Zeit viele Städte entlang der Straßen gegründet und miteinander verbunden wurden. Die breite Fahrtrasse ist als tief in die Landschaft eingeschnittener Hohlweg noch gut zu erkennen. Im alten Stadtmittelpunkt Winterbergs erhebt sich die St. Jakobus Pfarrkirche, die im 12. Jahrhundert erbaut worden ist und deren untere Turmgeschosse lange Zeit als Herberge für Jakobspilger gedient haben.

Winterberger Hochfläche

Westlich von Winterberg gelangt man auf eine Hochfläche. Durch Verwitterung und Abtragung des Gebirges in der Perm-Zeit (vor 296-251 Mio. Jahren) sind diese Flächen entstanden. In der Tertiär-Zeit (vor 65-2,4 Mio. Jahren) wurden durch die Erosionskraft des Wassers die steilen Täler am Rande der Hochfläche gebildet. Die Hochfläche ist durch ausgedehnte, wenig landwirtschaftlich genutzte Bergwiesen geprägt. In der Regel säumen diese artenreichen, bunt blühenden Grünländer die naturnahen Flussläufe, zum Beispiel Ruhr und Namenlose. Die Bergwiesen stellen in der ansonsten so waldreichen

Region eine Rarität dar und bieten vielen gefährdeten Tier- und Pflanzenarten Lebensraum.

In den Sommermonaten können entlang des Weges reife Heidelbeeren gepflückt werden. Wem die Ausblicke auf Winterberg und seine Umgebung noch nicht reichen, der sollte sich den Aufstieg auf die St.-Georg-Schanze gönnen (gebührenpflichtig).

Zugangswege / Orte am Weg

Winterberg

Einwohnerzahl: 4.536
Besonderheiten: Heilklimatischer Kurort, bekannter Wintersportort, internationale Bob- und Rodelbahn, Sommerrodelbahn.

Züschen

Einwohnerzahl: 1.787
Besonderheiten: Bundesgolddorf
Länge: 7,6 km
Bewegter Abstieg über Kreuzberg, Katerkopf und Lagerstein von 665 m ü. NN auf 520 m ü. NN.

AUF DEM DACH WESTFALENS

Von oben eröffnet sich ein beeindruckender Panoramarundblick. Von dem Plateau der Winterberger Hochfläche führen zu allen Seiten tief eingeschnittene Täler weg, so dass man im Osten das Orketal sieht. Im Süden schließt sich das in Hallenberg weit öffnende Nuhnetal an. Hinter dem Kahlen Asten, der leicht durch seinen Aussichtsturm zu erkennen ist, liegt das Lennetal. In nordwestlicher Richtung entspringt die Namenlose, in deren Talgrund die Orte Silbach und Siedlinghausen liegen und die Bahnlinie von Winterberg nach Bestwig verläuft. Den Abschluss bildet das vor dem langen Einschnitt des Diabassteinbruchs am Clemensberg gelegene Ruhrtal.

St. – Georg – Schanze

Die Ursprünge der St. – Georg – Schanze gehen auf das Jahr 1907 zurück. Damals wurde ein erster Schneehügel auf der Herrloh - Kuppe errichtet, von dem Weiten bis zu 18 Metern erzielt werden konnten.1928 wurde dann die erste Natursprungschanze errichtet, die 1947 umgebaut und erweitert wurde. Der 19 m hohe Anlaufturm stürzte bei einem Gewitter im Jahre 1958 ein.

Im darauf folgenden Jahr begann man mit dem Bau einer neuen Schanze aus Stahlbeton. Der Höhenunterschied zwischen Talsohle und Turmspitze betrug 100 Meter, die Höhe des Turmes 22 Meter. Beim Absprung konnten Geschwindigkeiten von bis zu 85 km pro Stunde erreicht werden.

1999 wurde die Schanze erneut umgebaut und zu einer den internationalen Regeln entsprechenden Ganzjahressprungschanze ausgebaut. Der aktuelle Schanzenrekord liegt bei 89,5 Metern und wurde im August 2002 aufgestellt.

Halbstundenkreuz

Das Halbstundenkreuz ist ursprünglich zur Erinnerung an die Winterberger Stadtschützen errichtet worden, die an dieser Stelle die vordringenden Schweden im Jahre 1639 zurückgeschlagen haben sollen.

Seinen Namen hat das Kreuz allerdings einer alten Winterberger Tradition zu verdanken. Bis hierhin haben die Frauen ihre Männer begleitet, wenn diese in den Sommermonaten auszogen, um Handel zu betreiben und die in den Wintermonaten angefertigten Holz- und Eisenwaren zu verkaufen.

Der Fußweg bis zur Stadtmitte beträgt in etwa eine halbe Stunde.

Zugangswege / Orte am Weg

Liesen

Einwohnerzahl: 780
Länge: 10,1 km
Bewegter Abstieg über Kreuzberg, Katerkopf, Lagerstein, Großen und Kleinen Niggenberg von 665 m ü. NN um 235 Höhenmeter in den Ort.

Hallenberg

Einwohnerzahl: 2.750
Besonderheiten: Freilichtbühne
Länge: 14,0 km
Bewegter Abstieg über Kreuzberg, Katerkopf, Lagerstein, Großen und Kleinen Niggenberg von 665 m ü. NN um 255 Höhenmeter in den Ort. Auf dem letzten Drittel verläuft der Weg parallel zum Bach Liese.

ÜBER DEN KAHLEN ASTEN

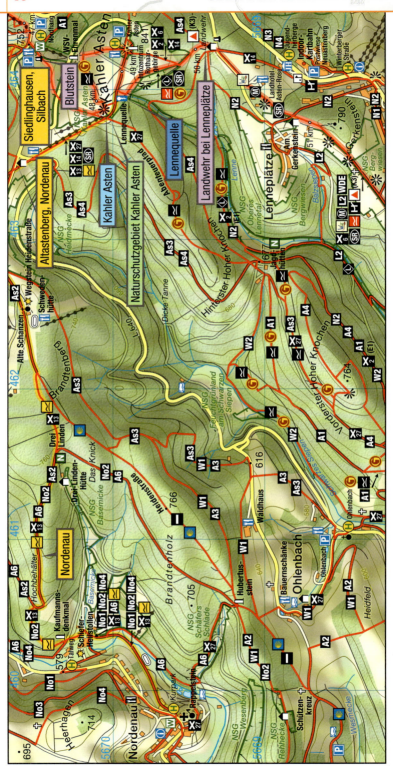

ÜBER DEN KAHLEN ASTEN

47

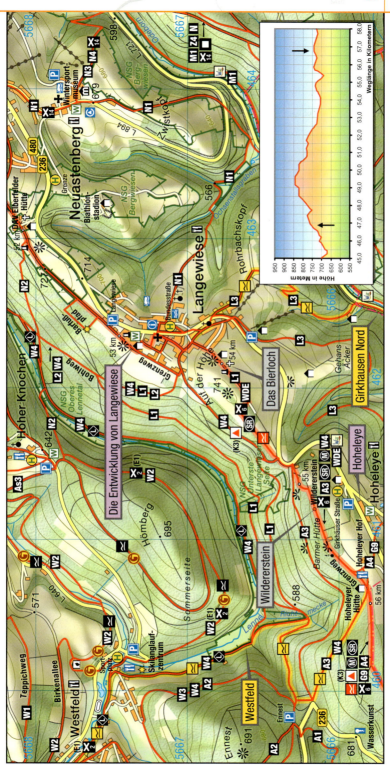

ÜBER DEN KAHLEN ASTEN (NÖRDLICHER ABSCHNITT)

Länge: 10,0 km - Naturnahe Wege: 22 % - Befestigte Wege: 78 % - Höhendifferenz: 170 m, max. Steigung/Gefälle: 28 % - Wald: 24 %, Offene Landschaft: 76 %

Blutstein

Der Blutstein ist der älteste bekannte Mark- oder Grenzstein im Winterberger Stadtgebiet. Er markiert die Stadt-, aber auch Gerichtsbezirksgrenzen, außerhalb derer Bann- und Todesurteile ihre Wirkung verloren. Gelang es einem Verurteilten diese Stelle unbemerkt zu passieren, war er wieder ein freier Mann. Der unscheinbare Stein wurde im 18. Jahrhundert mehrmals protokollarisch erwähnt und genau beschrieben, da die Grenzen zwischen der Stadt Winterberg und dem Dorf Altastenberg damals heftig umstritten waren.

den. Die Fichten weisen, wie auf der Niedersfelder Hochheide, aufgrund der starken westlichen Winde so genannten „Fahnenwuchs" auf.

Die Bergheide stellt aufgrund ihrer Größe und ihres Erhaltungszustandes ein besonders schützenswertes Biotop dar. Genauere Informationen dazu bieten der ausgeschilderte Heidelehrpfad und das Informationszentrum im Aussichtsturm. In diesem wird auch der Naturpark Rothaargebirge vorgestellt.

Naturschutzgebiet Kahler Asten

Auf der Kuppe des 841 Meter hohen Kahlen Asten und an dessen Nordhang hat sich eine großflächige Bergheide entwickelt. Sie besteht neben dem Heidekraut hauptsächlich aus Heidel- und Preiselbeeren. Vereinzelt wachsen Bäume wie Birken, Vogelbeeren und Wei-

Kahler Asten

Im Bereich der Bergkuppe öffnet sich eine hervorragende Fernsicht. In Richtung Norden verliert sich der Blick am Horizont über den Baumkronen des Arnsberger Waldes. Von Osten nach Westen schauend blickt man über die Dächer von Altastenberg zum Fernsehturm auf der Hunau, weiter zum neu erbauten Turm auf dem Stüppel im Freizeitpark „Fort Fun" und dem gegenüberliegenden Ohlenkopf.

Selbst der höchstgelegene der vier Bruchhauser Steine, der Feldstein, ist auf dem 752 m hohen Istenberg zu erkennen.

Besteigt man die nochmals ca. 23 Meter höher liegende Plattform des 1884 erbauten Astenturms, kann man bei guter Fernsicht einen mehr als 100 Kilometer weit reichenden Panoramablick genießen. Bei den am weitesten entfernten Zielen, die zu erkennen sind, handelt es sich unter anderem um die Bergkuppen

Zugangswege / Orte am Weg

Silbach

Einwohnerzahl: 876
Länge: 6,3 km
Kontinuierlicher Abstieg um 180 Höhenmeter auf 580 m ü. NN.

Siedlinghausen

Einwohnerzahl: 2.082
Länge: 8,9 km
Kontinuierlicher Abstieg um 280 Höhenmeter auf 480 m ü. NN.

Altastenberg

Einwohnerzahl: 433
Besonderheiten: Schwedenschanze
Länge: 1,7 km
Kontinuierlicher Abstieg um 25 Höhenmeter auf 800 m ü. NN.

ÜBER DEN KAHLEN ASTEN

des Brockens im Harz (163 km), der Wasserkuppe in der Rhön (135 km) und des Feldbergs im Taunus (115 km).

Lennequelle

Die Lennequelle ist eine ungewöhnlich hoch gelegene Schichtquelle (825 m ü. NN). Zum Austritt des Quellwassers auf dieser Bergkuppe kann es nur aufgrund besonderer geologischer Untergrundverhältnisse und durch regelmäßige und ergiebige Niederschläge in Form von Regen oder Schnee kommen.
Nach ca. 128 Kilometern mündet die Lenne bei Hagen in die Ruhr.
In Richtung Westen öffnet sich die tiefe Eintalung des Lennetals mit den Höhendörfern Lenneplätze und Langewiese sowie dem Bergkegel des Hohen Knochens.

Über den tief eingeschnittenen, bergab führenden Weg verlaufen oft dicke, alte und knorrige Wurzeln und der Wegrand wird von vielen Totholzstämmen gesäumt. Ein sehr prägnantes und erlebnisreiches Bild!
Neben der Schutzhütte steht der Schnadestein Schmallenberg – Winterberg – Wittgenstein, der die Grenze der Gebiete anzeigt.

Grenzweg

Der Kamm des Rothaargebirges stellt hier den ehemaligen Grenzverlauf zwischen dem kurkölnischen Sauerland und dem Wittgensteiner Land dar.
Neben der sächsisch – westfälischen und der fränkischen Volksumsgrenze ist der Grenzweg seit der Reformationszeit auch eine Religions- und Bistumsgrenze sowie eine Brauchtums- und Sprachgrenze zwischen Niederund Mitteldeutsch.
Noch heute markiert er die Stadtgrenze von Winterberg und Schmallenberg.
Im Bereich des Gerkensteins bei Lenneplätze bieten sich mehrfach Aussichten in unterschiedliche Himmelsrichtun-

Landwehr bei Lenneplätze

Landwehren waren im Mittelalter Verteidigungsanlagen der Stadt- und Landbevölkerung sowie Schutzanlagen für die wichtigen Verkehrswege. Die Landwehr bei Lenneplätze ist eine der größten ihrer Art und noch auf etwa 600 m Länge erhalten.
Sie wurde bis ins 18. Jahrhundert immer wieder zitiert, wenn es um Grenzstreitigkeiten zwischen der Stadt Winterberg und den Grafen und Fürsten von Wittgenstein ging.

Zugangswege / Orte am Weg

Nordenau
Einwohnerzahl: 192
Besonderheiten: Schieferheilstollen Brandenholz, Burgruine Rappelstein
Länge: 6,0 km
Kontinuierlicher Abstieg von 825 m ü. NN auf 600 m ü. NN in den Ort.

Lenneplätze
Einwohnerzahl: 78

Neuastenberg
Einwohnerzahl: 518
Besonderheiten: Westdeutsches Wintersport Museum.

ÜBER DEN KAHLEN ASTEN (SÜDLICHER ABSCHNITT)

gen, zum Beispiel nach Neuastenberg im Süden, zurück auf den Kahlen Asten im Norden oder auf verschiedene Bergkuppen und das Odeborntal im Westen. Südlich von Langewiese kann man dann noch einmal von der Bergkuppe „Auf der Höhe" einen Rundumblick genießen.

Die Entwicklung von Langewiese

Bereits Jahrhunderte vor der Besiedlung der Region war das Grenzgebiet Zankapfel zwischen den Wittgensteiner Grafen und dem Erzbischof von Köln.

Ende des 16. Jahrhunderts führte der Wild- und Forstbann zum „Winterberger Streit", da die Winterberger regelmäßig die wittgenstein'schen Zollstöcke und Schlagbäume zerschlugen. Durch einen politischen Schachzug ließ der damalige Graf zu Sayn – Wittgenstein im Jahre 1713 „den hohen Norden" mit den Ortschaften Neuastenberg, Langewiese, Hoheleye und Mollseifen besiedeln, so

dass Verhandlungen schließlich 1783 zur Beilegung des Winterberger Streits führten.

Ironie der Geschichte aber ist, dass aufgrund der kommunalen Neuordnung im Jahre 1975 die Dörfer wieder Winterberg zugeordnet wurden.

Lange Zeit wurde Langewiese durch eine konfessionelle Grenze in zwei Teile gespalten. So wehrten sich zum Beispiel die Katholiken im Jahre 1756 nachdrücklich gegen die Einschulung ihrer Kinder bei einem protestantischen Lehrer.

Deshalb gab es bis nach dem Zweiten Weltkrieg in Langewiese stets eine evangelische und eine katholische Schule.

Das Bierloch

Unterhalb des Dorfes Langewiese, am Steilabfall zum Odebornbach, schneidet eine enge, tiefe Schlucht in den Gebirgshang ein: das Bierloch. Hierzu erzählt man sich folgende Geschichte:

In den Frühlingstagen des Jahres 1812 zogen lange Kolonnen marschierender Soldaten mit zahlreichen schwer beladenen Trosswagen über den Kamm des Rothaargebirges nach Osten.

Die Räder quietschten und knarrten, Ketten klirrten, dampfende Pferde schnaubten und kamen mit ihren Lasten nur langsam voran. Dabei geschah es: von einem Wagen löste sich ein großes Fass aus seiner Verschnürung und fiel in die steile Bachschlucht.

Zugangswege / Orte am Weg

Langewiese

Einwohnerzahl: 462
Besonderheiten: Berggoldschmiede.

Girkhausen Nord

Einwohnerzahl: 933
Besonderheiten: Drehkoite (lebendiges Handwerks- und Heimatmuseum)
Länge: 5,8 km
Kontinuierlicher Abstieg von 715 m ü. NN auf 500 m ü. NN in den Ort. Auf großer Strecke wird der Weg vom Odebornbach begleitet.

Hoheleye

Einwohnerzahl: 30

ÜBER DEN KAHLEN ASTEN

Zugangswege / Orte am Weg

Westfeld

Einwohnerzahl: 800
Besonderheiten: Austragungsort nationaler Rennereignisse im nordischen Skisport (Langlauf)
Länge: 4,2 km
Abstieg um 240 Höhenmeter auf 490 m ü. NN in den Ort. Wegparallel verläuft großenteils die Lenne.

Es war unmöglich, das im kühlen Quellwasser liegende Fass wieder nach oben zu schaffen und so fand es eines heißen Sommertages der Schäfer von Girkhausen, als er an der Quelle seinen Durst stillen wollte. Neugierig öffnete er das Spundloch und der Duft von Bier kam ihm entgegen. Er füllte sofort - wie auch an den folgenden Tagen - seinen Becher und hoffte, dass sein Fund unentdeckt bliebe.

Doch die Bauern merkten bald, dass der Schäfer des Abends oft bedenklich über die Dorfstraße schwankte und so beschlossen sie, der Sache auf den Grund zu gehen. Sie schlichen ihm nach, beobachteten ihn und lüfteten sein Geheimnis. Schnell war ein Karren herbeigeholt und mit vereinten Kräften das noch mehr als halbvolle Fass aufgeladen und ins Dorf gebracht. Noch am selben Abend feierte man ein ausgelassenes Fest.

Wildererstein

Die Jahre nach dem Ersten Weltkrieg waren von Armut und Not gekennzeichnet, so dass es nicht selten vorkam, dass in den sauerländischen Wäldern gewildert wurde. So auch am 13. Februar 1922, als ein Langewieser, der eine 13–köpfige Familie zu ernähren hatte, mit seinem Sohn Heinrich Kuhn in die umliegenden Wälder aufbrach. An diesem Tag war in den fürstlichen Waldungen auch ein Revierbeamter tätig, der plötzlich einen Schuss hörte und sofort zu der vermeintlichen Stelle eilte.

Dort stellte er Vater und Sohn, die gerade mit dem Aufbrechen eines Rehs beschäftigt waren. Während eines Handgemenges ergriff der Vater die Flucht und forderte seinen Sohn auf, mitzukommen. Da der Förster vermutete, dass er aus der Dickung, in der die beiden Wilderer verschwunden waren, angegriffen würde, schoss er mit seinem Gewehr wahllos ins Gebüsch und traf dabei den Sohn tödlich am Rücken. In einem anschließenden Gerichtsverfahren gegen den fürstlichen Revierbeamten wurde dieser mit der Begründung freigesprochen, dass beide Täter noch bewaffnet waren und er somit aus der sicheren Deckung noch zum Opfer hätte werden können.

Hoheleye

Der erste namentlich erwähnte Siedler war im Jahre 1713 der kurhessische Soldat Christian Friedrich Neumeier aus Rotenburg an der Fulda.

Mit Gründung der Postagentur mit Umspannstation der königlichen Postexpedition gewann Hoheleye ab dem Jahre 1862 an Bedeutung. Die Postillione fuhren dabei teilweise unter erheblichen Strapazen nach Winterberg, Berleburg und Schmallenberg. Wegen der fortschreitenden Motorisierung wurde die Poststation Anfang 1920 aufgelöst.

52 WALDSKULPTURENWEG

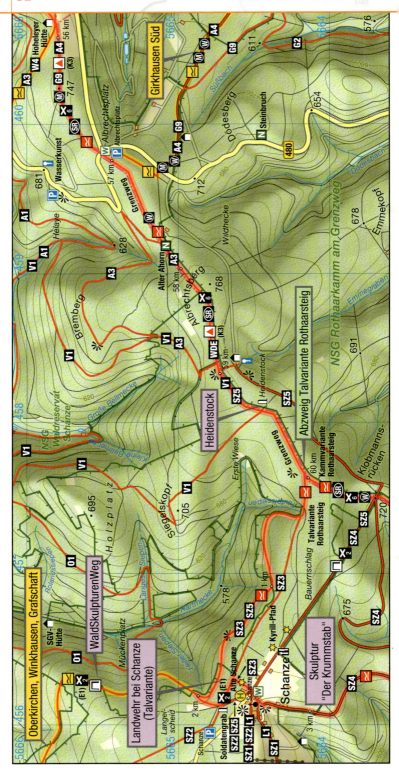

WALDSKULPTURENWEG 53

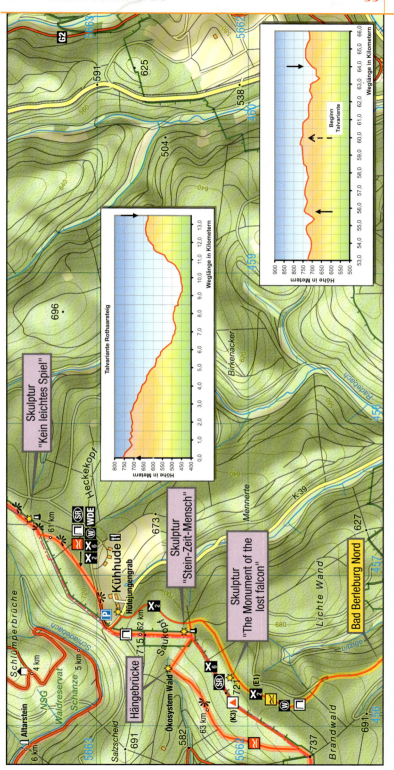

BEGEGNUNG MIT DEM WALDSKULPTURENWEG

Länge: 8,1 km - Naturnahe Wege: 45 %, Befestigte Wege: 55 %, - Höhendifferenz: 85 m, max. Steigung/Gefälle: 28 %, - Wald: 90 %, Offene Landschaft: 10 %

WaldSkulpturenWeg

Zwischen Bad Berleburg und Schmallenberg verläuft der in den Jahren 2000 bis 2010 entstandene WaldSkulpturenWeg. Auf den Rothaarsteig-Zugangswegen überwindet er mit knapp 23 Kilometern Länge den Rothaarkamm. International bekannte Künstler haben mit ihren insgesamt 11 Kunstwerken am Wegesrand des WaldSkulpturenWegs einen zumindest in Deutschland einmaligen Kunstwanderweg geschaffen.

Heidenstock

Als um die erste Jahrtausendwende die umliegenden Dörfer nach und nach christianisiert wurden, fühlten sich die heidnischen Sachsen nicht mehr sicher und zogen sich immer tiefer in die Wälder zurück, wo sie geheime Opferstellen errichteten. Als ihr heimliches Tun am Heidenstock verraten wurde, mussten sie in einem erbitterten Kampf ihr Leben lassen. Im Jahre 1832 wurde an dieser bild aufgestellt, der aber auch heute noch „Heidenstock" genannt wird.

Talvariante Rothaarsteig©

Wenige hundert Meter hinter dem Heidenstock bietet sich die Gelegenheit, den Kamm des Rothaargebirges auf der circa 14 Kilometer langen Talvariante des Rothaarsteiges© zu verlassen. Auf dem Weg durch das Latroptal passiert man die Orte Schanze und Latrop und wandert entlang des Grubenbachs, bevor man wieder hinauf auf den Kamm steigt. Die Beschreibung der am Weg liegenden Erlebnisse erfolgt auf den Seiten 55 bis 59.

Skulptur „Der Krummstab"

Der von Heinrich Brummack stammende „Krummstab" ist eine mit 7,5 m Höhe weit sichtbare Landmarke auf dem geraden Weg vom katholischen Schanze hin zur Grenze des protestantischen Wittgensteiner Landes. Er ist das Symbol des 1072 vom Kölner Erzbischof An-

nen Stabes, der damals als Mahnung zur Fürsorge verliehen, doch im Laufe der Geschichte bis zu seinem endgültigen Verlust Ende 18. Jahrhunderts zum Zeichen der Macht wurde.

Skulptur „Kein leichtes Spiel"

Diese Skulptur am WaldSkulpturenWeg zwischen Bad Berleburg und Schmallenberg ist eine Arbeit von Ansgar Nierhoff. Er greift das Thema des „Tores" auf, indem er eine 40 cm dicke Stahlbramme in drei Tore und zwei gestürzte Verschlussplatten zerlegt. Damit bricht

Zugangswege / Orte am Weg

Girkhausen Süd

Einwohnerzahl: 933
Besonderheiten: Drehkoite (lebendiges Handwerks- und Heimatmuseum)
Länge: 5,3 km
Zum Teil steiler Abstieg um 230 Höhenmeter auf 500 m ü. NN.

Talvariante Rothaarsteig©
1. Abschnitt

Länge: 6,1 km
Höhendifferenz: 278 m,
max. Steigung / Gefälle: 17 %

Oberkirchen (Talvariante)

Einwohnerzahl: 855
Länge: 4,3 km
Kontinuierlicher Abstieg von 700 m ü. NN auf 450 m ü. NN in den Ort.

WALDSKULPTURENWEG   55

Zugangswege / Orte am Weg

Winkhausen (Talvariante)
Einwohnerzahl: 203
Länge: 6,8 km
Abstieg um 300 Höhenmeter auf eine Höhe von 400 m ü. NN.

Grafschaft (Talvariante)
Einwohnerzahl: 1.053
Besonderheiten: Kloster, Heilklimatischer Kurort
Länge: 5,8 km
Abstieg auf 420 m ü. NN.

Schanze (Talvariante)
Einwohnerzahl: 43

Bad Berleburg Nord
Einwohnerzahl: 6.700
Besonderheiten: Schloss, Kneipp - Kurort
Länge: 8,8 km
Abstieg auf 440 m ü. NN.

---

er die Stahlmauer auf und verwandelt sie in geöffnete Tore, die durchschritten werden sollen. Sie tragen die Botschaft der Verbindung zweier ehemals getrennter Regionen in sich.

Skulptur „Stein – Zeit – Mensch"

An dieser Stelle hat Nils - Udo einen riesigen Felsen errichtet, welcher von einer monumentalen Baumstammarchitektur, die an einen archaischen Tempel erinnert, umrahmt wird. Der 150 Tonnen schwere Quarzit bildet ein Denk- und Mahnmal seiner selbst: seiner Größe, seiner zeitlosen Erdverbundenheit, seiner Einmaligkeit. Eingebunden ist das Werk in die stille Erhabenheit des Waldes. Dieser mächtigen Einheit ausge-

setzt erfährt man seine eigene Zeitlichkeit und Verletzlichkeit.

Hängebrücke

In der Nähe dieser Skulptur ist der Einsatz aller Sinne gefragt, wenn in luftiger Höhe auf einer Hängebrücke das Leben in den Baumkronen erforscht und der Wald von oben erlebt werden kann.

Landwehr bei Schanze (Talvariante)

Häufige Bedrohungen des Landfriedens bestimmten das Leben in den Dörfern und Städten des Mittelalters: Zerstörungen von Getreidefeldern, Viehraub von den Weiden, Feuersbrünste und Kriege. Hauptursache dafür war die Fehde, die es den „Freien" erlaubte, Streitfälle nach Anrufung eines Gerichtes mit eigener Waffengewalt durchzusetzen. Sowie Überfälle von Räuberbanden. Deshalb begannen die Dörfer und Städte des 14. Jh., den hineinführenden Verkehr zu kontrollieren.

Es wurde eine Wachstation mit Schlagbaum errichtet, die stark befestigt und mit Schlössern gesichert war. In Kriegszeiten wurde der schwächste Punkt der Landwehr durch Truppen verstärkt, die dann bei drohender Gefahr Signale mit Hörnern gaben und Banner hissten.

Reste der alten Verteidigungsschanzen können heute noch am Ortsrand von Schanze entdeckt werden.

Skulptur "The Monument of the Lost Falcon"

Mitten im Wittgensteiner Forst hat der New Yorker Künstler Alan Sonfist den Schattenriss eines schwebenden Falken auf einer Waldlichtung durch aufgeworfene Erdwälle abgebildet. Die 44 x 28 m messende Kontur ist mit spezifi-

EINE BEWEGTE ZEIT

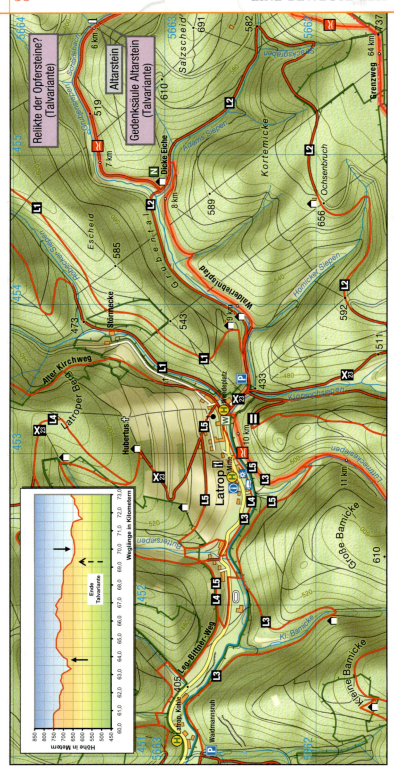

EINE BEWEGTE ZEIT 57

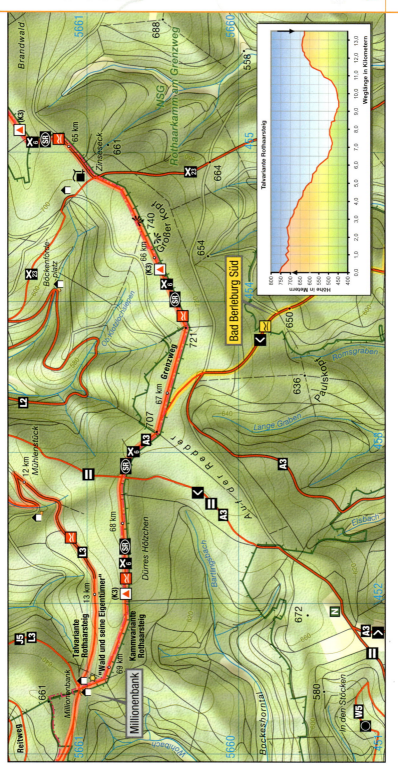

DAS MITTELALTER – EINE BEWEGTE ZEIT

Länge: 7,8 km – Naturnahe Wege: 25 % – Befestigte Wege: 75 % – Höhendifferenz: 160 m, max. Steigung/Gefälle: 75 % – Wald: 75 %, Offene Landschaft: 25 %

Altarstein (Talvariante)

Der Weg zum Altarstein führt an der Quelle des Schladebachs und mehreren interessanten Schieferabbruchkanten vorbei, an denen unterschiedliche Gesteinsschichten zu erkennen sind.

Der Überlieferung nach handelt es sich beim Altarstein wie beim Heidenstock um eine Opferstätte der heidnischen Sachsen. Zur Jahrtausendwende versteckten sich vor Mönchen in den Wäldern, um ihren Göttern zu opfern.

Aus schweren Steinen errichteten sie einen Opferaltar. Zur Opferung führten sie ein fehlerloses Fohlen herbei, das noch keinen Wagen gezogen und noch keinen Sattel getragen hatte. Ehrfürchtig grüßten die Sachsen die „Drude", die im wallenden Leinengewand den heiligen Dienst versah. Während sie geheimnisvolle Sprüche murmelte, warf sie Kräuter in den Kessel, in dem das Fleisch des Opferfohlens brodelte. Die Männer, die im weiten Kreis mit Schwert und Schild den Altar umstanden, verfolgten mit Andacht das Tun der weisen Priesterin. Nach beendetem Opfermahl trennten sie sich und zogen auf versteckten Pfaden in ihre Heimatstätten zurück.

Gedenksäule Altarstein (Talvariante)

Während der Soester Fehde (1444 - 1449) wurden die Siedlungen Latrop, Gellentrop, Wiesentrop und Uentrop verwüstet. Zudem durch die Pest und andere Seuchen geschwächt, verließen die Überlebenden ihre Hofstätten und zogen in den Schutz der Stadt Schmallenberg. Fast drei Jahrhunderte verboten dann die Erzbischöfe von Köln als Landesherren den Wiederaufbau der verödeten Dörfer.

Erst in den Jahren 1737 bis 1739 ließ der Abt des Klosters Grafschaft, zu dessen Besitz die Waldungen gehörten, in Latrop auf den alten Ruinen neue Gebäude errichten.

Dazu gehörten neben einem Wohnhaus mit einem Viehstall für einen Grafschafter Mönch noch ein weiteres Wohnhaus mit Hammerwerk, ein Backhaus und eine Kapelle. In Erinnerung an diese Dorf-Neugründung wurde die Gedenksäule am Altarstein geschaffen und aufgestellt.

Relikte der Opfersteine? (Talvariante)

Im Bett des Schladebachs ragt in etwa 15 Metern Entfernung von der Gedenksäule gut sichtbar ein hoher Stein auf,

---

Zugangswege / Orte am Weg

Talvariante Rothaarsteig°
2. Abschnitt
Länge: 7,8 km
Höhendifferenz: 205 m,
max. Steigung / Gefälle: 35 %

Latrop (Talvariante)

Einwohnerzahl: 163

EINE BEWEGTE ZEIT

Zugangswege / Orte am Weg

Bad Berleburg Süd

Einwohnerzahl: 6.700
Besonderheiten: Schloss, Kneipp - Kurort
Länge: 8,1 km
Kontinuierlicher Abstieg um 270 Höhenmeter auf eine Höhe von 440 m ü. NN. Der Weg verläuft ein stückweit parallel zum Bach Westerze.

Millionenbank

Um die Millionenbank ranken sich gleich drei Geschichten. Die erste geht in eine Zeit zurück, als dieses Gebiet noch völlig unerschlossen war.

Damals war der Grenzweg auch Zollgrenze. Es gab jedoch einen Schmugglerpfad, der die Grenze an der Millionenbuche überquerte. Hier wurden unter Umgehung des Zolls des öfteren schwarze Geschäfte getätigt, die angeblich Millionenhöhe erreichten.

Eine zweite Version besagt, dass die Bank ihren Namen der Inflationszeit nach dem ersten Weltkrieg verdankt. Hier stand eine Buche, die gefällt wurde und deren Wert in die Millionen ging. Da das Geld jedoch wertlos war, entschloss man sich, aus dem Holz eine Bank zu errichten, eben die Millionenbank.

Nach einer dritten Version verlor ein Gast hier vor langer Zeit wertvollen Schmuck, der bis heute nicht gefunden wurde...

Latrop-Baches zum Hauptweg auf dem Kamm.

und das Wasser zum Ablöschen der fertigen Holzkohle benötigten. Nachdem die Köhlerei aufgegeben wurde, verlor die Bachregulierung ihre Bedeutung und geriet in Vergessenheit, so dass die Menschen an den Fund der Opfersteine glaubten.

Auf dem Weg durchs Grubental ergeben sich immer wieder reizvolle Blicke auf den Schladebach. Der geschlossene Wald öffnet sich im Talgrund und Wiesen und Weiden begleiten den Bach. An einer Wegkreuzung ist auf eine mächtige alte Eiche zu achten, die als Naturdenkmal geschützt ist und den Namen „Dicke Eiche" trägt.

Südwestlich von Latrop beginnt der steile Aufstieg durch das enge Kerbtal des

ein zweiter liegt scheinbar umgefallen daneben. Lange Zeit glaubte man, dass es sich hierbei um Überreste der sagenhaften Altarsteine handele. In Wirklichkeit wurden die beiden Schieferblöcke aber von Menschenhand an dieser Stelle zur Regulierung des Bachlaufes eingegraben.

Denn die sehr geschickt und zweckmäßig angelegten Steine zwingen den Schladebach in Richtung des ca. 30 Meter abwärts liegenden Wehres zu strömen. Eine weitere gewaltige Schieferplatte überbrückt das Wehr.

Das Wasser wurde damit direkt zu den Kohlgruben der Köhler geleitet, die in den umliegenden Wäldern arbeiten

WALD, WILD, JAGD

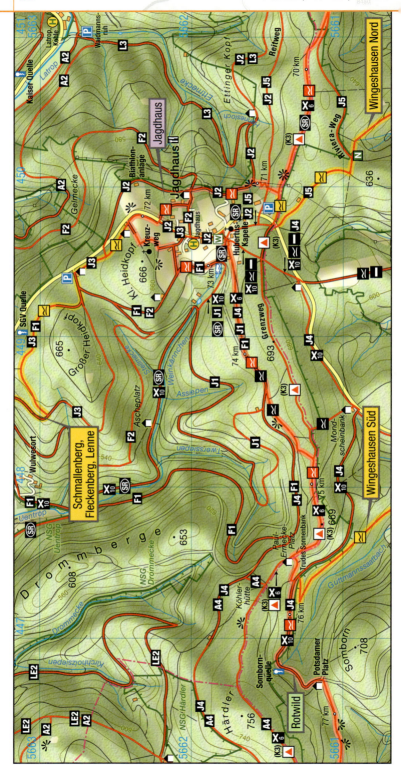

WALD, WILD, JAGD

61

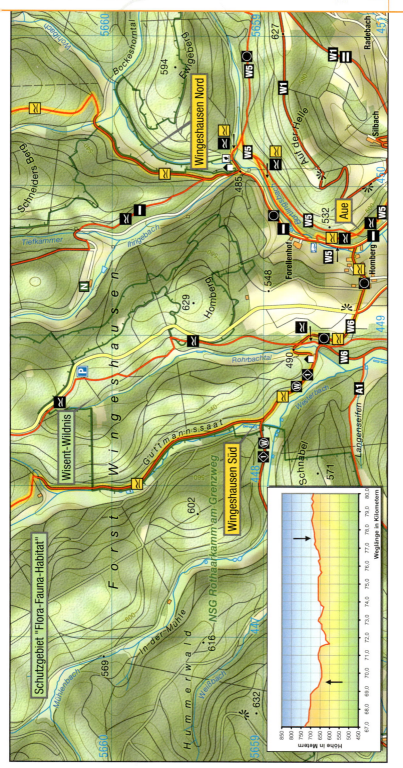

WALD, WILD, JAGD

Länge: 7,7 km - Naturnahe Wege: 19 % - Befestigte Wege: 81 % - Höhendifferenz: 140 m, max. Steigung/Gefälle: 47 % - Wald: 81 %, Offene Landschaft: 19 %

Jagdhaus

Die Gründer des Dorfes waren die Freiherren von Fürstenberg, die inmitten ihres Jagdbezirkes auf dem Schneisberg ein Jagdhaus errichteten. Es dienten zunächst dem Jagdaufseher und Jäger zur Wohnung, später wurde es dann auch bei Jagden von den Jagdherren als Unterkunft genutzt.

Dieses Jagdhaus diente Peter Pieper seit dem Jahre 1735 als fester Wohnsitz und gab somit dem späteren Dorf seinen Namen. Die ersten Bewohner waren mit Ausnahme des Jägers Pieper Waldarbeiter und Köhler.

Sie führten kein leichtes Leben, denn im ständigen Kampf gegen die Launen der Witterung, auch durch die Höhenlage bedingt, war es schwierig, dem kargen Boden die lebensnotwendige Nahrung abzugewinnen.

Die Lebens- und Wirtschaftsverhältnisse verbesserten sich erst im Jahre 1878 entscheidend, als die erste Konzession zum Betrieb einer Schankwirtschaft erteilt wurde.

Zunächst kamen nur Waldarbeiter und Jäger, doch noch im gleichen Jahr hatte Jagdhaus seinen ersten Sommergast. Von da an ging die Entwicklung stetig bergauf: 1887 Bau der ersten Wasserleitung, ab 1912 Versorgung des ganzen Ortes mit Strom durch ein selbst gebautes Elektrizitätswerk, 1936 Errichtung der Hubertus – Kapelle unter Mithilfe aller Familien und seit 1967 Reinigung der Abwässer in einer vollbiologischen Kleinkläranlage, bis Anfang der 90er Jahre wurde das Dorf an das öffentliche Abwassernetz angeschlossen wurde.

Schutzgebiet „Flora – Fauna – Habitat"

Ziel dieser Schutzkategorie ist die Realisierung eines europäischen Biotopverbundes aus Schutzgebieten vom Nordkap bis Sizilien und von Gibraltar bis zur Sächsischen Schweiz.

Im Mittelpunkt stehen der Schutz der biologischen Vielfalt und die Erhaltung zahlreicher gefährdeter Lebensräume und ihrer Arten. Besonders zu schützen ist in diesem Gebiet die Waldform, denn die Bäume – zumeist Buchen – kommen in unterschiedlichen Altersstufen gemischt nebeneinander vor.

Ziel ist es insbesondere, den Alt- und Totholzanteil zu erhöhen und in einzelnen Beständen die forstliche Nutzung aufzugeben und den Wald seiner natürlichen Entwicklung zu überlassen.

Zugangswege / Orte am Weg

Jagdhaus

Einwohnerzahl: 67

Fleckenberg

Einwohnerzahl: 1.558
Besonderheiten: Technisches Besteckmuseum Hesse
Länge: 5,8 km
Kontinuierlicher Abstieg von 640 m ü. NN auf 380 m ü. NN in den Ort hinein.

Lenne

Einwohnerzahl: 332
Länge: 7,6 km
Kontinuierlicher Abstieg um 260 Höhenmeter auf 380 m ü. NN in den Ort hinab.

WALD, WILD, JAGD

Rotwild

Der Rothirsch ist die größte Art seiner Familie in Mitteleuropa. Er lebt als Einzelgänger oder in kleinen Rudeln in den Wäldern. Nur für eine kurze Zeit des Jahres, der Paarungszeit im Frühherbst, versammeln die Rothirsche einen ganzen Harem von Weibchen um sich.

Die Tiere werden vor allem in der Dämmerung und in der Nacht aktiv und treten dann zum Äsen auf die Waldlichtungen und Wiesen hinaus.

Durch die lauten, weit hörbaren, röhrenden Schreie zeigen sie den möglichen Rivalen, dass sie ein bestimmtes Territorium besetzt haben. Oft kommt es aber dennoch zu verbissenen, kraftraubenden Kämpfen, bei denen die Geweihe ineinander verhakt werden.

Dann wird durch Drücken oder Schieben der Stärkere ermittelt. Dass es bei diesen Duellen kaum zu Verletzungen kommt, liegt an der mehrendigen Konstruktion des Geweihs. Das Geweih eines gut entwickelten Rothirsches besitzt mindestens zwölf Enden.

Der Gewinner der Kämpfe, auch Platzhirsch genannt, übernimmt die Zeugung des Nachwuchses, der nach etwa acht Monaten geboren wird. In den ersten Monaten leben alle gemeinsam in einem ca. 10 – 15 köpfigen Rudel zusammen, das aus verschiedenen Generationen besteht.

Jahrhunderten kehren die Könige des Waldes damit in ihre ursprüngliche Heimat zurück. In der freien Natur soll sich die Herde auf eine Größe von maximal 20 bis 25 Tiere auf natürliche Weise vermehren.

Wegen der enormen Ausdehnung des "Wisent-Waldes" werden Wanderer die Tiere dort kaum zu Gesicht bekommen. Deswegen wird mit der "Wisent-Wildnis am Rothaarsteig" ein Guckloch in das Artenschutzprojekt geschaffen. In der "Wisent-Wildnis am Rothaarsteig" können Besucher eine zweite Herde auf 20 Hektar mit sehr großer Wahrscheinlichkeit aus nächster Nähe beobachten und erleben.

Wisente

Der "Wisent-Wald" ist der Schauplatz eines einzigartigen Projekts zur Wiederansiedlung und Erhaltung der bedrohten Tierart.

In freier Wildbahn lebende Wisente in einem bewirtschafteten Wald: Das ist einzigartig in Westeuropa. Nach vielen

Zugangswege / Orte am Weg

Schmallenberg

Einwohnerzahl: 6.192
Besonderheiten: Spielzeugmuseum, Wellenfreibad
Länge: 9,2 km
Kontinuierlicher Abstieg um 270 Höhenmeter.

Wingeshausen Nord

Einwohnerzahl: 1.819
Länge: 6,2 km
Kontinuierlicher Abstieg um 220 Höhenmeter.

Wingeshausen Süd

Länge: 6,0 km
Kontinuierlicher Abstieg um 200 Höhenmeter.

Aue

Einwohnerzahl: 979
Besonderheiten: Ringwallanlage
Länge: 8,6 km

RHEIN - WESER - TURM

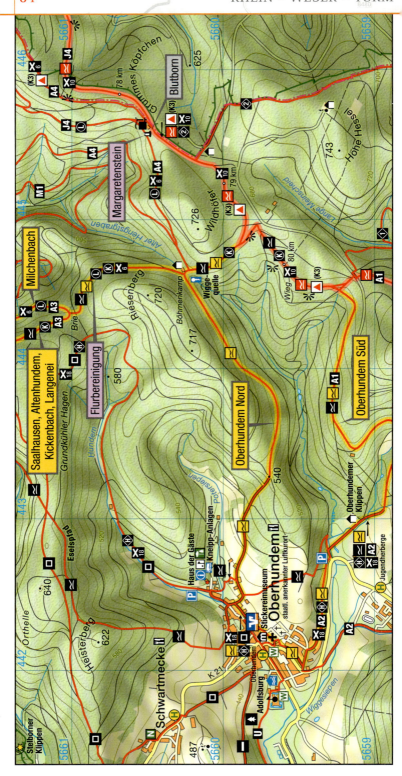

RHEIN - WESER - TURM 65

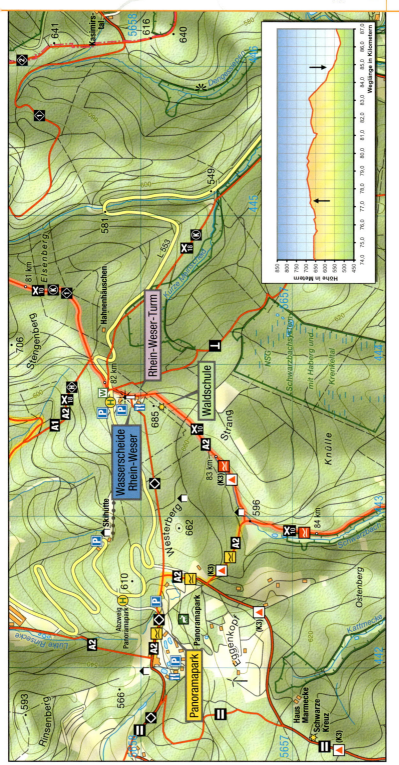

ZWISCHEN MARGARETENSTEIN UND RHEIN-WESER-TURM

Länge: 7,5 km – Naturnahe Wege: 9 % – Befestigte Wege: 91 % – Höhendifferenz: 95 m, max. Steigung/Gefälle: 34 % – Wald: 96 %, Offene Landschaft: 4 %

Blutborn

Zwei Förster waren in das Mädchen Margarethe verliebt. Die konnte sich für keinen der beiden entscheiden, und deshalb sollte ein Duell die Entscheidung herbeiführen. Als die beiden aufeinander schossen, hörte Margarethe dieses auf einer nahe gelegenen Wiese und lief sofort herbei.

Als sie sah, was passiert war, brach sie mit einem erstickenden Schrei tot zusammen. Das Blut der Toten färbte das Wasser rot, so dass die Bewohner von Wingeshausen die Tragödie schnell entdeckten.

Seit dieser Zeit wird die nahe gelegene Quelle Blutborn genannt. An der Stelle des Duells begrub man die drei, wobei Margarethe in der Mitte liegend die eine Hand nach rechts, die andere nach links ausstreckt und die beiden, die sich im Leben nicht einigen konnten, im Tode vereinigt.

Margaretenstein

Der Margaretenstein ist einer der ältesten Grenzsteine der Region und stammt aus dem Jahre 1692. Damals markierte er die Grenze z w i s c h e n Kurköln im Norden und Hessen - Nassau im Süden. Auf seiner Nordseite trägt er noch sichtbar das Wappen mit dem Kurkölnischen Kreuz. Seinen Namen erhielt der Stein nach einer Fürstin Margarete, die im 15. Jahrhundert in Wittgenstein residierte.

In der Nähe sind heute noch Wälle und Gräben ehemaliger Grenzwerke zu erkennen. Um die über 200 jährigen, blutigen Grenzstreitigkeiten zu beenden, einigten sich Köln und Wittgenstein 1694 über die endgültige Grenzziehung und setzten insgesamt 20 Grenzsteine zwischen dem Margaretenstein und dem Dreiherrnstein (s. S. 71).

Der relativ unscheinbare Originalstein sollte nicht mit dem großen messingbeschrifteten Monolithen direkt an der Hütte verwechselt werden.

Flurbereinigung

Der Ort Milchenbach ist seit jeher von der Land- und Forstwirtschaft geprägt. Im Jahre 1977 wurde ein Flurbereinigungsverfahren eingeleitet, von dem sich die Waldbesitzer eine Neuordnung ihrer aus unterschiedlichen Gründen zersplittert gelegenen und meistens kleinen Flächen erhofften, um eine effektive Bewirtschaftung zu ermöglichen. Die Anzahl der Waldbesitzer blieb gleich, aber die Größe der Wirtschaftseinheiten vergrößerte sich um etwa das 10- fache.

Zugangswege / Orte am Weg

~

Milchenbach

🛌 H

Einwohnerzahl: 193 - Länge: 5,2 km
Abstieg von 680 m auf 400 m ü. NN.

Saalhausen

🛌 H

Einwohnerzahl: 1.916
Länge: 8,2 km
Abstieg von 680 m auf 310 m ü. NN.

Kickenbach

🛌 H

Einwohnerzahl: 571 - Länge: 10,9 km
Z. T. steiler Abstieg auf 300 m ü. NN.

Altenhundem

🛌 H DB

Einwohnerzahl: 4.567
Länge: 14,7 km
Abstieg um 400 Höhenmeter auf
280 m ü. NN in die Stadt.

RHEIN - WESER - TURM

Rhein – Weser – Turm

Aufgrund der großen Arbeitslosigkeit wurde 1931 / 32 in Oberhundem der freiwillige Arbeitsdienst eingeführt. Damals bauten 13 Bürger im Hand- und Spanndienst den Rhein – Weser – Turm, der nach nur 77-tägiger Bauzeit am 21. August 1932 fertig gestellt wurde. Auf einem quadratischen Grundriss von 9 x 9 Metern verjüngt sich der Turm bis zu einer 4 x 4 Meter großen Aussichtsplattform. 113 Stufen führen bis in das achte Stockwerk, wobei jede Etage allseitig mit einer horizontalen Fensterreihe versehen wurde.

Während des 2. Weltkrieges wurde auf der oberen Plattform des Turmes ein militärischer Beobachtungsposten eingerichtet. Der im Laufe des Krieges durch Beschuss schwer beschädigte Turm wurde mehrfach saniert, zuletzt im Jahre 2001. Von der Aussichtsplattform des Turmes eröffnet sich ein Panoramablick über das südliche Sauerland und das Wittgensteiner Land. Seinen Namen verdankt der Turm dem Standort auf der Wasserscheide zwischen Rhein und Weser.

Wasserscheide Rhein - Weser

Das Rothaargebirge bildet die Wasserscheide zwischen den beiden Fluss – Einzugsgebieten Rhein und Weser. Zum einen wird es in Richtung Westen der Möhne, Lenne, Ruhr, Sieg oder Lahn zugeführt und weiter in den Rhein geleitet, zum anderen läuft es in Richtung Osten ab und fließt dort Eder und Fulda zu. Die Fulda bildet zusammen mit der Werra die Weser.

Als Kammweg verläuft der Rothaarsteig® an vielen Stellen identisch mit der Wasserscheide. Man folgt ihr beispielsweise an den Bruchhauser Steinen oder auf dem Kahlen Asten.

Waldschule

Der Erlebnispunkt „Waldschule" zeigt in einem grünen Klassenzimmer Wissenswertes zu den 4 Hauptbaumarten (Fichte, Buche, Lärche, Ahorn) am Rothaarsteig®.

Von diesem Standort hat man eine weitreichende Fernsicht auf die gegenüberliegenden Berghänge.

Zugangswege / Orte am Weg

Langenei
Einwohnerzahl: 827
Länge: 10,2 km
z.T. steiler Abstieg auf 300 m ü. NN.

Oberhundem Nord
Einwohnerzahl: 938
Besonderheiten: Adolfsburg
Länge: 4,2 km
Kontinuierlicher Abstieg von 685 m ü. NN auf 420 m ü. NN.

Oberhundem Süd
Länge: 3,5 km
Kontinuierlicher Abstieg von 645 m auf 420 m ü. NN.

Panoramapark
Besonderheiten: Freizeitpark
Länge: 0,6 km - Kontinuierlicher Anstieg um 35 Höhenmeter auf 630 m ü. NN.

68 AUFSTIEG ZUM DREIHERRNSTEIN

Birkelbach Bhf.

Vom Hufeisen
in der Rüspe

Naturschutzgebiet
Schwarzbachtal

Heinsberg Nord,
Welschen-Ennest,
Wirme

AUFSTIEG ZUM DREIHERRNSTEIN 69

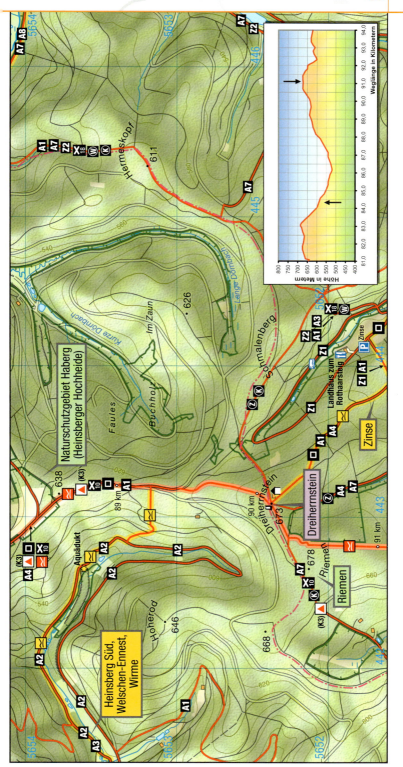

AUFSTIEG ZUM DREIHERRNSTEIN

Länge: 6,9 km - Naturnahe Wege: 9 %, Befestigte Wege: 91 % - Höhendifferenz: 155 m, max. Steigung/Gefälle: 34 % - Wald: 85 %, Offene Landschaft: 15 %

Naturschutzgebiet Schwarzbachtal

Wegbegleitend fließt der Schwarzbach, der durch seinen natürlichen, mäandrierenden Verlauf immer wieder reizvolle Blicke freigibt. Entlang seines Ufers tritt der Wald zurück und bunt blühende Wiesen erzeugen im Sommer ein attraktives Bild. In einer Wegbiegung wird der Schwarzbach an einer Furt gequert, wobei das Gurgeln und Plätschern des Wassers zum Verweilen und Spielen einladen.

Der Name "Schwarzbach" ist aus der Färbung des Bachwassers abgeleitet. Die rot – schwarze Farbe entsteht dabei durch den hohen Anteil an gelöstem Huminstoffen und Eisenoxid im Wasser. Diese Farbe ist typisch für sehr nährstoffarme Gewässer und kommt normalerweise nur in Moorgebieten vor.

Nach der langjährigen Nutzung des Gebietes als Viehweide wurde das gesamte Tal Anfang der 60er Jahre mit Fichten aufgeforstet.

Doch 10 Jahre später erkannten die zuständigen Behörden die große Bedeutung der noch vorhandenen ursprünglichen Flora und Fauna. Der Kreis Olpe kaufte das Gebiet auf und begann mit der Wiederherstellung des einstigen Zustandes, in erster Linie durch Fichtenrodung. Im Jahr 2000 wurde das Schwarzbachtal unter Naturschutz gestellt.

Heute findet man eine vielfältige Wiesenlandschaft vor, die vielen bedrohten Tier- und Pflanzenarten wie Fledermäusen und Torfmoosen entlang des strukturreichen Baches Lebensraum gibt. Im Sommer können entlang des Weges Heidelbeeren gesammelt und die rosa – weiß blühende Heide bestaunt werden.

Naturschutzgebiet Haberg (Heinsberger Hochheide)

Die Heinsberger Hochheide wird besonders durch Heidekraut, Heidelbeeren und große Wacholdergruppen geprägt. Sie ist ein Relikt der auf den Hochheiden des Rothaargebirges jahrhundertelang betriebenen Gemeinschaftshuden. Ihre Entstehungsge-

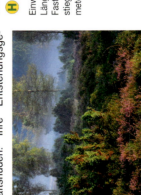

Zugangswege / Orte am Weg

Heinsberg Nord

Einwohnerzahl: 979
Länge: 3,6 km
Teils steiler Abstieg von 640 m ü. NN auf ca. 440 m ü. NN nach Heinsberg hinab.

Birkelbach

Einwohnerzahl: 842
Länge: 6,0 km
Fast ebener, kontinuierlicher Abstieg in den Ort um ca. 40 Höhenmeter.

AUFSTIEG ZUM DREIHERRNSTEIN

Zugangswege / Orte am Weg

Heinsberg Süd

Einwohnerzahl: 979
Länge: 3,6 km
Kontinuierlicher Abstieg von 630 m ü. NN auf ca. 440 m ü. NN. Der Weg folgt auf ganzer Länge dem Verlauf des Krenkelsbach.

Welschen-Ennest

Einwohnerzahl: 1.642
Länge: 19 km
Mehrmaliger Auf- und Abstieg von 520 m ü. NN auf 400 m ü. NN.

Zinse

Einwohnerzahl: 136
Länge: 2,5 km
Kontinuierlicher Abstieg in den Ort um ca. 123 Höhenmeter von 673 m ü. NN auf 550 m ü. NN.

schichte ist die gleiche wie die der Niedersfelder Hochheide (s. S. 36), wobei auch ihr Zustand nur durch die Weiterführung historischer Nutzungen zu erhalten ist. Ohne menschliches Zutun würde aus natürlichem Samenanflug zuerst ein Birken-, später ein Buchenwald entstehen.

Am Heinsberger Zugangsweg befindet sich ein Aquädukt, das in seiner deutschlandweit einzigartigen Bauweise um 1900 entstanden ist. Der über das Aquädukt geführte Krenkelbach versorgt die darunter liegenden Fischteiche mit Wasser.

Vom Hufeisenstein in der Rüspe

Der Graf von Wittgenstein wollte einst den Heinsberger Weiler Rüspe besitzen. Da sich die Heinsberger dagegen wehrten, wollte er wenigstens einige Zweige aus der Rüspe nehmen, um die Fliegen zu verscheuchen, die sein Pferd quälten. Auch dieses wurde ihm versagt. Durch "Gottesurteil" hoffte er nun seine Wünsche erfüllen zu können. Wenn sein Pferd beim Überspringen des Baches die Spur eines Hufeisens in dem großen Stein zurückließe, sollte ihm das Gebiet gehören. Mit gewaltigem Satz erreichte das wild gespornte Ross den Stein, so dass die Funken sprühten. Und - o Wunder - in dem Stein war das Hufeisenmal zu erkennen. Hätte nicht ein Heinsberger am Tage vorher gesehen, wie ein Mann mit Hammer und Meißel das Loch in den Stein machte, so wäre der Plan des Grafen gelungen. So aber musste er beschämt von dannen ziehen.

Dreiherrnstein

Am "Dreiherrnstein" stießen die Herrschaftsgebiete Herzogtum Westfalen, Nassau - Siegen und Wittgenstein - Hohenstein zusammen. Der große, dreieckige Stein ist auf dem Wildborn auf der nassauischen Seite mit einer Wolfsangel, auf der Wittgensteiner Seite mit einem großen W und auf der kurkölnischen Seite mit einem Kreuz versehen.

1817 bildeten die Preußen die Kreise Olpe, Siegen und Wittgenstein. Damit waren die alten Territorialgrenzen nur noch Kreisgrenzen in der neu gegründeten preußischen Provinz Westfalen.

Heute ist dieses ehemalige "Dreiländereck" ein Grenzpunkt zwischen den Kreisen Olpe und Siegen-Wittgenstein. Über Jahrhunderte tobten entlang dieser Territorialgrenze erbitterte und teilweise sogar tödliche Grenzkämpfe mit Zerstörungen und Diebstahl von Holz, Werkzeug und Vieh. Dabei ging es immer um wirtschaftliche Nutzungsrechte an Grund und Boden. Bis heute ist diese alte Grenze nicht nur durch den Rothaarkamm, sondern auch durch das Zusammentreffen sächsischer und fränkischer Kultur- und Konfessionseinflüsse gekennzeichnet.

Riemen

Der Riemen ist mit 678 m ü. NN der höchste Berg des Siegerlandes.

72 DIE GINSBURG

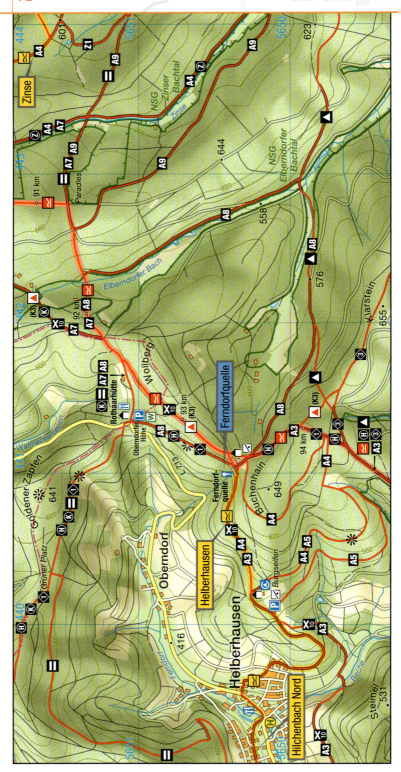

DIE GINSBURG 73

DREH- UND ANGELPUNKT – DIE GINSBURG

Länge: 9,9 km – Naturnahe Wege: 4 %, Befestigte Wege: 96 % – Höhendifferenz: 133 m, max. Steigung/Gefälle: 23 %, – Wald: 84 %, Offene Landschaft: 16 %

Ferndorfquelle

Südlich des Riemen fließt der Elberndorfer Bach, der an einer Furt überquert werden muss. An dieser Stelle hat man einen schönen Blick auf den weiteren Bachverlauf im Süden.

Die Ferndorf wurde im 16. Jh. als Energiequelle genutzt, da das Tal systematisch vom Eisengewerbe besetzt war. Die Eisengewinnung und -verarbeitung wurde dabei von den Berghängen in die Täler verlagert. Mit Hilfe von Wasserrädern, die entlang der Flüsse gebaut wurden, leitete man das Wasser direkt zu den Eisenhütten, wo Schmiedehämmer und Blasebälge nicht mehr von Menschenhand, sondern vom Wasser angetrieben wurden. Das führte zu einer erheblichen Steigerung der Produktion.

Innerhalb weniger Jahre reihten sich viele Wasseranlagen wie eine Perlenkette aneinander, was bedeutete, dass die Ferndorf kein idyllisch dahinplätschernder Bach mehr war. Ihr Wasser wurde in einem Weiher gestaut, durch den Obergraben auf ein Rad geleitet und im Untergraben zurück zum Bach geführt. Das wiederholte sich ständig in kurzen Abständen entlang ihres Laufes bis zur Mündung in die Sieg bei Siegen. In der Nähe der Ferndorfquelle befindet sich neben einer Schutzhütte ein Spielplatz, der wie das Wasser selbst zu einer Pause einlädt. Der Weg zwischen Ferndorfquelle und Ginsburg wird durch Info - Tafeln rund um das Thema „Wald und seine Bewohner" begleitet.

Ginsburg

Im Jahr 1292 wird die Ginsburg zum ersten Mal urkundlich erwähnt. Bedeutsam ist das Jahr 1568, als Graf Ludwig von Nassau – Dillenburg sein Heer auf der Ginsburg versammelte und auszog, um Holland von den Spaniern zu befreien.

Nach einem anfänglichen Gefechtssieg in Friesland wurden sie aber bereits zwei Monate später bei Jemmingen an der Ems vernichtend geschlagen.

Zugangswege / Orte am Weg

Hilchenbach Nord

Einwohnerzahl: 4.387
Besonderheiten: Wilhelmsburg, Breitenbach – Talsperre, Schaubergwerk
Länge: 5,1 km
Kontinuierlicher Abstieg in die Stadt mit ca. 280 Höhenmeter

Helberhausen

Einwohnerzahl: 656
Länge: 2,6 km
Abstieg von 563 m ü. NN auf 420 m ü. NN.

DIE GINSBURG

Im 17. Jahrhundert, als Wilhelm von Oranien mit seinen Obristen in der Burg weilte, verfiel die Burganlage mehr und mehr. Zurück blieben nur die Mauerreste und Gewölbe, die Ende vergangenen Jahrhunderts zugeschüttet wurden. Der Turm der Ginsburg wurde im Jahre 1968 wieder aufgebaut und bietet bei klarem Wetter ausgezeichnete Fernsichten im Westen bis zum Siebengebirge (Aufstieg kostenpflichtig).

Raubritter Hans Hübner

Auf der Ginsburg saß der einäugige Raubritter Hans Hübner und spähte mit Falkenblick ins Land. Erblickte er einen Fuhrmann oder Reiter, dann begann die Jagd und so mancher wurde seiner Habe ledig.

Den Bauern stahl Hübner das Vieh. Wenn die Bestohlenen beim Grafen Christian zu Dillenburg klagten, so wurde ihnen zu allem Schaden über Nacht auch noch der rote Hahn aufs Dach gesetzt. Hübner war jedoch nicht auf die Schliche zu kommen. Er hatte sich die Hufeisen verkehrt herum unter seinen Rappen schlagen lassen und narrte so stets seine Verfolger. Graf Christian zu Dillenburg erwischte schließlich Hübner und sein Räubergesindel. Mit furchtbarer Wucht prallte das Grafenschwert auf die Eisenhaube des Einäugigen, so dass die Klinge zerbrach. Mit einem schrecklichen Fluch auf den Lippen stürzte Hübner tot vom Pferd.

Die Bauern und Wäldler atmeten auf und drei Tage und Nächte brannte das Räubernest am Fuß der Ginsburg. Hübner selbst soll unter einer mächtigen Eiche (Raubritter Hübner Eiche) am Aufweg zur Ginsburg begraben sein (wurde neu gepflanzt). Im Gezweige soll noch heute seine ruhelose Seele nachts in Gestalt einer Eule auftauchen.

Giller und Ginsberger Heide

Der für das Hochmittelalter nachgewiesene Straßenpunkt Ginsberger Heide ist seit 1345 eindeutig belegt. In diesem Bereich befand sich auch die im Jahre 1319 erstmalig genannte St. Antonius – Kapelle und das Dorf Wehbach, das im 19. Jahrhundert zur Wüstung wurde.

Die Ginsberger Heide umfasst heute die beiden Naturschutzgebiete „Hohlsterzenbach" und „Giller", welche ökologisch interessante Altwaldstrukturen aus Laub- und Nadelhölzern mit einem hohen Totholzanteil aufweisen. Charakteristisch sind die noch relativ naturnahen Schluchtwälder und die hochmoorartigen Feuchtgebiete, die vielen gefährdeten Pflanzen- und Tierarten einen Lebensraum bieten und mehreren selten gewordenen Vogelarten als Brutplatz dienen.

Der Giller stellt mit 653 m die höchste Erhebung dieses Gebietes dar. Der Aussichtsturm ermöglicht bei schönem Wetter einen Panoramarundblick, der unter anderem bis ins Siebengebirge reicht. Weite Aussichten kann man aber auch von mehreren Stellen des Weges genießen.

Zugangswege / Orte am Weg

Hilchenbach Süd

Einwohnerzahl: 4.907
Besonderheiten: Wilhelmsburg, Breitenbach – Talsperre, Schaubergwerk
Länge: 6,3 km
Kontinuierlicher Abstieg von 563 m ü. NN auf ca. 340 m ü. NN in die Stadt hinab.

Kreuztal

Einwohnerzahl: 8.657
Besonderheiten: Kindelsbergturm, Kulturzentrum Dreslers Park
Länge: 14,7 km
Bewegter Abstieg auf 290 m ü. NN.

ZWISCHEN MOOR UND BRUCH

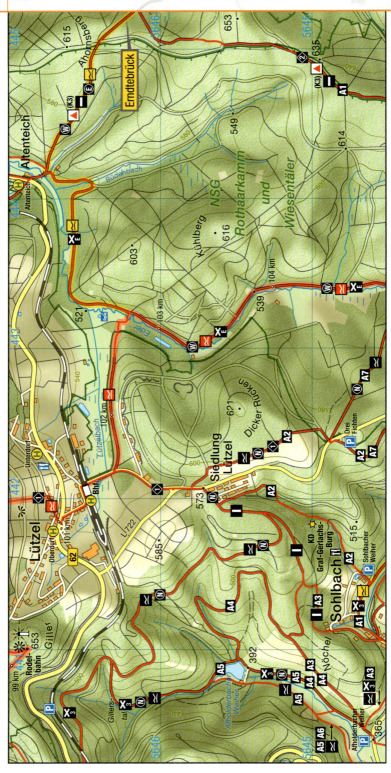

ZWISCHEN MOOR UND BRUCH

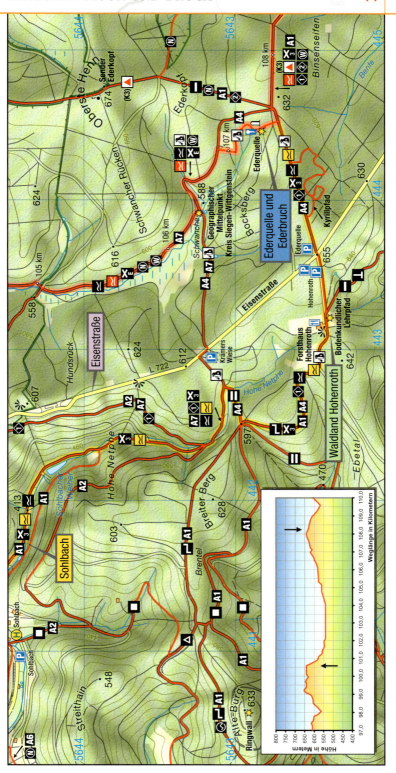

ZWISCHEN MOOR UND BRUCH

Länge: 7,7 km - Naturnahe Wege: 13 %, Befestigte Wege: 87 % - Höhendifferenz: 113 m, max. Steigung/Gefälle: 23 % - Wald: 35 %, Offene Landschaft: 65 %

Naturschutzgebiet Eicherwald

Seit 1930 ist der naturnahe Birkenbruchwald mit den offenen Nieder- und Zwischenmoorbereichen und den angrenzenden Grünlandgesellschaften gesetzlich geschützt.

Vom Weg öffnen sich über etwa 1,5 Kilometer beeindruckende Blicke auf die wegbegleitende Eder.

Ein Niedermoor ist dadurch charakterisiert, dass es im permanenten Einzugsbereich des Grundwassers liegt. Typische Entstehungsorte sind Täler, Senken und abgeschnittene Flussläufe, in denen sich abgestorbene Pflanzenreste unter Wasser sammeln und nur unvollständig zersetzt werden können. Daraus bildet sich im Laufe von Jahrhunderten eine Torfschicht.

Ein solches Biotop ist ein idealer Lebensraum für fast alle Amphibienarten sowie für viele Sumpfvögel wie den Kibitz. Heutzutage sind Moore sehr selten geworden und gefährdet, da große Gebiete zugunsten der Land- und Forstwirtschaft entwässert wurden.

Zu empfehlen ist auch ein Blick auf die andere Wegseite, wo an Abbruchkanten die geologische Gesteinsschichtung zu erkennen ist.

Eisenstraße

Schon vor über 2.600 Jahren kamen die Kelten in dieses Gebiet, um Eisenerze abzubauen. Die Menschen waren Hüttenleute, Schmiede und Holzhandwerker, die über großartige technische Kenntnisse verfügten. Sie schmolzen das auf der Erdoberfläche gefundene Eisenerz mit Hilfe von Holzkohle so geschickt, dass bereits nach kurzer Zeit ein weitläufiger Handel florierte. Voraussetzung aber war der Bau guter regionaler und überregionaler Handelswege, auf denen sowohl die Rohmaterialien als auch die fertigen Produkte transportiert werden konnten.

Eine zweite Blütezeit erlebte die Eisenindustrie im späten Mittelalter. Aus dieser Epoche ist die zum Teil noch erkennbare Steinpflasterung erhalten geblieben und aus dieser Zeit stammt auch der aus der Nutzung abgeleitete Name der Eisenstraße.

Seit dem Ende des 18. Jahrhunderts setzten sich die Landesherren, Kaufund Fuhrleute aber nachdrücklich für den Bau von "Kunststraßen" ein. Diese verliefen abschnittsweise schnurgerade und hatten eine gewölbte Steindecke mit Randsteinen ("Packlage") sowie

Zugangswege / Orte am Weg

Lützel

Einwohnerzahl: 488

Erndtebrück

Einwohnerzahl: 4./8/
Länge: 7,3 km
Besonderheiten: Hochmoor, Archäologischer Lehrpfad, historischer Eisenhammer
Abstieg über Ahornsberg und Seebach auf 500 m ü. NN in die Stadt hinein.

ZWISCHEN MOOR UND BRUCH

Gräben rechts und links. Ihr Vorteil war, dass sie das ganze Jahr über trocken waren, die Fuhrleute ihre Wagen schwerer beladen konnten und trotzdem eine Gleisbildung verhindert wurde.

Die Eisenstraße verlor aber schon kurze Zeit später an wirtschaftlicher Bedeutung, da die Verwendung von im Ruhrgebiet abgebauter Steinkohle sehr viel preisgünstiger war als die vor Ort hergestellte Holzkohle. Dazu muss man wissen, dass für den Verhüttungsprozess doppelt soviel Kohle wie Erz benötigt wird.

Noch heute wird die Eisenstraße als Verbindung der Orte Lützel und Hainchen genutzt. Auf die westlich des Rothaarsteigs© verlaufende Fahrstraße trifft man an der Siegquelle und südlich des Lahnhofs am Jagdberg.

Ederquelle und Ederbruch

Schon vor über 3.000 Jahren floss das Quellwasser der Eder breitflächig über einen muldenförmigen Hang mit wasserstauendem Untergrund aus Lehm und Schluff ab.

Wenn es anhaltend regnet, kann das Niederschlagswasser nur sehr langsam versickern und staut sich an der Oberfläche oder fließt seitlich mit dem Quellwasser ab. In diesen Zeiten kommt es zu Luftmangel im Boden. Als Folge davon entwickeln sich spezifische Merkmale wie Bleich- und Rostflecken in den Bodenschichten.

Im Quellbereich der Eder gedeiht eine vielfältige Vegetation aus feuchtigkeitsliebenden, säure- und schattenverträglichen Pflanzen wie Seggen, Binsen, Moosen und Farnen.

Ihre abgestorbenen Reste vertorfen und haben in einem Jahrhunderte dauernden Prozess eine stellenweise über ein Meter dicke Torfschicht gebildet. Auf ihr konnten sich Bäume wie die Schwarz-

erle und die Moorbirke, die heute das Bild des Bruchs prägen, ansiedeln. Der nasse, weiche Torfuntergrund bietet dabei den Baumwurzeln aber wenig Halt. Die geringe Standfestigkeit und Vitalität sorgen für größere Lücken zwischen den einzelnen Bäumen und für einen lockeren Kronenaufbau.

Als Hauptquelle der Eder gilt die am höchsten am Hang austretende Quelle. Mit zwei vergleichbar viel Wasser spendenden Nebenquellen verbindet sie sich etwa 120 Meter hangabwärts.

Waldland Hohenroth

In der ehemaligen Försterei Hohenroth ist ein Informationszentrum für Wald, Forstwirtschaft, Naturschutz und Waldbegegnung eingerichtet worden, welches durch das Forstamt Hilchenbach betreut wird.

Die umgebenden Wälder und Wiesen, eine Scheune und Stallgebäude sind Ausgangspunkt für vielfältige Aktivitäten wie Exkursionen, Seminare oder Kutschfahrten.

Zugangswege / Orte am Weg

Sohlbach

Einwohnerzahl: 140
Länge: 5,8 km
Kontinuierlicher Abstieg um 170 Höhenmeter auf eine Höhe von 420 m ü. NN in den Ort hinab. Größtenteils verläuft der Bach Netphe parallel zum Weg.

Waldland Hohenroth

Das Waldinformationszentrum Waldland Hohenroth ist freitags bis sonntags und feiertags von 14.00 bis 18.00 Uhr geöffnet.
Besonderheiten: Wechselnde Ausstellungen, Wildgehege, Kyrill-Pfad, Seelenpfad, bodenkundlicher Lehrpfad

ZWEI SAGENHAFTE FLÜSSE

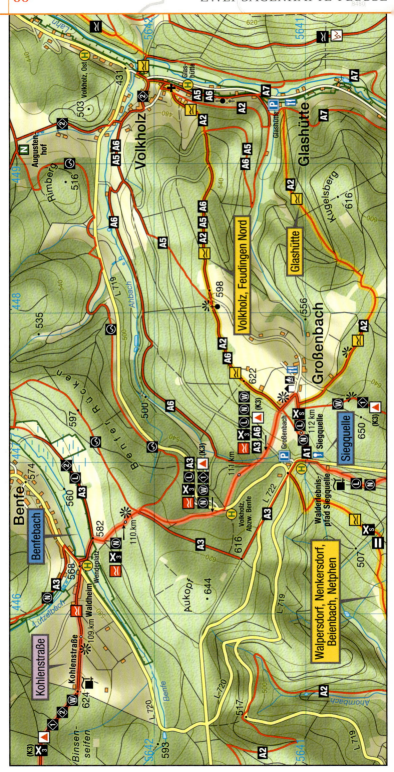

ZWEI SAGENHAFTE FLÜSSE

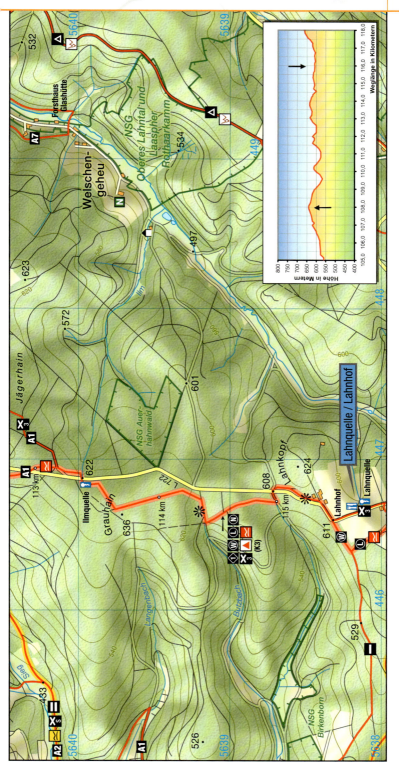

Sieg und Lahn – zwei Sagenhafte Flüsse

Länge: 8,1 km – Naturnahe Wege: 57 %, Befestigte Wege: 43 % – Höhendifferenz: 92 m, max. Steigung/Gefälle: 15 % – Wald: 73 %, Offene Landschaft: 27 %

Kohlenstraße

Durch die Verlagerung der Eisenerzhütten und Hämmer von den Berghängen in die Täler wurde es im späten Mittelalter immer wichtiger, die zur Eisenschmelze benötigte Holzkohle zu den Produktionsstätten zu transportieren.

In den Tälern entlang der Flüsse konnte man sich zur Erleichterung der Arbeit die Wasserkraft zu Nutze machen (s. Ferndorfquelle S. 74).

Deshalb beförderten Gespanne mit zweirädrigen Karren große Mengen an Kohle aus dem waldreichen Wittgenstein in das Siegerland. Allein in Wittgenstein wurden jährlich bis zu 6.000 Wagenladungen Holz gekohlt.

Die vielen langen und schweren Wagenzüge haben sich dabei im Laufe der Zeit tief in die Wege eingegraben. Besonders im Bereich der steilen Anstiege haben sich dadurch streckenweise beeindruckende Hohlwege entwickelt und bis heute erhalten. Sobald eine Spur zu tief geworden war wurde eine neue daneben gesucht.

Ende des 18. Jahrhunderts wurden die Naturwege mehr und mehr aufgegeben und mit Steinen befestigte Straßen gebaut. Das auf der Kohlenstraße zum Teil noch gut erhaltene Kopfsteinpflaster stammt allerdings nicht aus dem 18. Jahrhundert, sondern wurde erst später gefertigt.

Benfebach

Der an dieser Stelle querende Benfebach ist in weiten Bereichen noch sehr naturnah. Er bildet zahlreiche Mäander mit ausgeprägten Prall- u. Gleithängen. Er dient als gutes Beispiel dafür, wie viele Bachtäler vor der Begradigung im Rahmen der Flurbereinigungsmaßnahmen ausgesehen haben.

Am Benfebach kann man im Sommer eine der größten heimischen Libellen beobachten, die schwarzgelb gemusterte „Zweigestreifte Quelljungfer" und in dem stellenweise strömungsreichen kühlen Wasser lebt neben der Bachforelle auch das seltene Bachneunauge. In den umliegenden Gebüschen und Hecken kann gelegentlich der Neuntöter

Zugangswege / Orte am Weg

Benfe

Einwohnerzahl: 426

Großenbach

Einwohnerzahl: 39

Volkholz

Einwohnerzahl: 350
Länge: 2,5 km
Abstieg um 180 Meter in den Ort.

Glashütte

Einwohnerzahl: 160
Länge: 3,0 km
Abstieg um 150 Meter in den Ort.
Feudingen / Bad Laasphe (s. S. 86 / 87)

ZWEI SAGENHAFTE FLÜSSE

Zugangswege / Orte am Weg

Walpersdorf

Einwohnerzahl: 427
Besonderheiten: Kohlenmeiler
Länge: 4,5 km
Kontinuierlicher Abstieg um 200 Höhenmeter entlang der Sieg.

Nenkersdorf 🏠

Einwohnerzahl: 464
Länge: 5,9 km
Abstieg um 220 Meter entlang der Sieg.

Beienbach 🏠

Einwohnerzahl: 319
Länge: 11,1 km
Abstieg auf 345 m ü. NN.

Netphen

Einwohnerzahl: 6.357
Länge: 12,8 km
Abstieg auf 280 m ü. NN.

---

gesichtet werden. Dieser, besonders für seine markante Vorratshaltung bekannte Vogel, spießt seine gefangenen Beutetiere an Dornen oder Stacheldraht auf. Früher wurde dem Neuntöter sogar nachgesagt, dass er erst dann mit seinem Mahl begänne, wenn er neun Tiere getötet habe.

Siegquelle

Die Sieg entspringt in einer Höhe von 603 m ü. NN und mündet nach einer Strecke von 140 Kilometern bei Niederkassel in den Rhein. Dabei hat sie einen Höhenunterschied von insgesamt 557 Metern überwunden.

Um diese Stelle rankt sich die Sage, dass ein uralter Riese vor vielen Jahren in einem Schloss an der Quelle lebte. Er ernährte sich von den Erträgen des Waldes und verschonte die umliegenden Dörfer, solange ihn niemand störte.

Doch dann überkam eine große Hungersnot das ganze Land. Die Bäche trockneten aus und die Felder verdarben. Nur aus der Quelle des Riesen sprudelte noch klares Wasser. Obwohl die Menschen den Riesen fürchteten, beschlossen sie, ihn um Wasser und Nahrung zu bitten.

Sobald aber der erste den Schlosshof betreten und seine Bitte vorgetragen

hatte, wurde er von dem Riesen in einen Baum verwandelt. Keiner, der bei ihm gewesen ist, ist jemals wieder zurückgekehrt.

Gegenüber der Quelle beginnt der Walderlebnispfad Siegquelle, wo an acht Stationen der Wald erlebt und entdeckt werden kann.

weite Aussicht über die Berge in Richtung Südwesten.

Auch an dieser Quelle lebten einst Riesen. Die einzigen, die ihnen trotzten, waren der Graf von Wittgenstein und seine kleine Tochter. Als diese sich eines Tages am Wasser aufhielt und in Gedanken versunken an ihren in der Ferne weilenden Bruder dachte, wurde sie vom bösen Riesen Geon gefangen. Als der Graf dies erfuhr, ritt er sofort mit einem bewaffneten Tross los und besiegte Geon in einem langen Kampf. Als „langer Mann" lebt Geon bis heute im Volksmund fort.

Lahnquelle / Lahnhof

Die Lahn schlängelt sich 224 Kilometer lang durch Nordrhein – Westfalen und Hessen und mündet bei Lahnstein in den Rhein. Vom Lahnkopf hat man eine

DIE HEILENDE KRAFT DES WASSERS

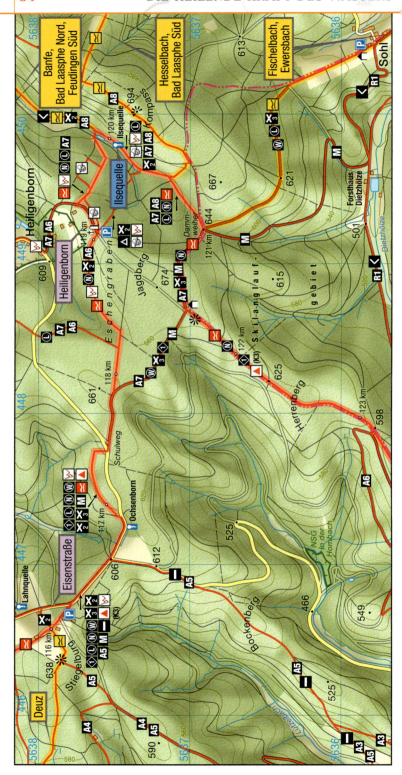

DIE HEILENDE KRAFT DES WASSERS

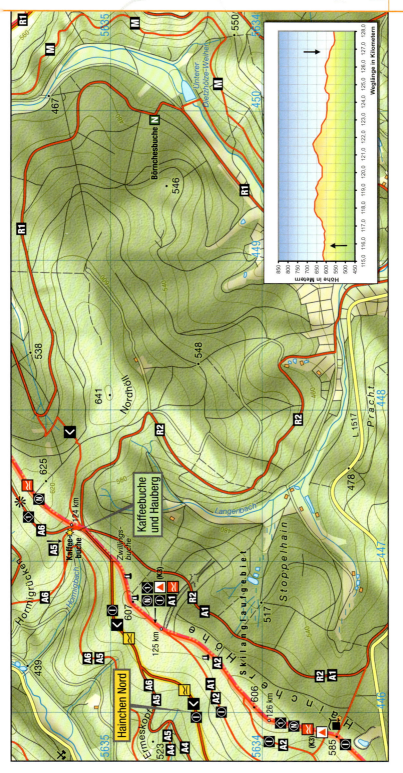

DIE HEILENDE KRAFT DES WASSERS

Länge: 10,9 km – Naturnahe Wege: 24 %, Befestigte Wege: 76 % – Höhendifferenz: 115 m, max. Steigung/Gefälle: 15 % – Wald: 92 %, Offene Landschaft: 8 %

Heiligenborn

Südlich der Lahnquelle wandert man ein Stück auf der historischen Eisenstraße (s. S. 78).

Erstmals 1515 erwähnt, wurde Heiligenborn aber erst 1710 von Kanonhöfen besiedelt. Es handelt sich dabei um Bauernhöfe, die eine jährlich feste Pacht - den Kanon - an die Wittgensteiner Grafen zu zahlen hatten, ansonsten aber von Abgaben befreit waren. Im Wald kann man noch eine aufgegebene Hofstelle entdecken, an der der alte Brunnen noch gut erkennbar ist. Überraschend trifft man auch auf einen kleinen eingezäunten Friedhof.

Vor langer Zeit übernachteten oft fremde Reisende in den Sommermonaten in Heiligenborn. Häufig kehrten auch reiche Leute ein, die hofften, am „Heiligen Born" ihre Gesundheit wieder zu erlangen. Eines Tages kam ein fremder Kaufmann in das Haus, der durch den Marsch im tiefen Schnee völlig erschöpft war und sogleich in einen tiefen Schlaf sank. Die Frau des Wirtes hatte bemerkt, dass er ein prall gefülltes Geldsäckchen bei sich trug und beschloss, den Fremden im Schlaf zu ermorden. Zusammen mit ihrem Mann schleppte sie den Toten in den dichten Wald und wähnte sich fortan aller Sorgen ledig. Beide befiel jedoch eine unheimliche Angst, die ihnen das Leben zur Hölle machte und sie nicht mehr zur Ruhe kommen ließ.

Als sie es nicht mehr aushielten, wanderten sie in ein fernes Land. Alles ließen sie zurück, nur das Gold nahmen sie mit und dieses quälte sie weiter bis zu ihrem Tod. Das Haus am „Heiligen Born" blieb aber bis zu seinem vollständigen Zerfall eine Stätte des Grauens. Immer wieder haben Menschen berichtet, dort einen Mann ohne Kopf gesehen zu haben. In Heiligenborn beginnt der ca. 2 km lange Märchenwanderweg. „Kleiner Rothaar" heißt der kleine Kobold, der Sie durch sein Reich des Quellenzaubers führt.

Ilsequelle

Nördlich der Ilsequelle quert man das bis dahin entstandene Rinnsal der Ilse durch eine breite Furt. Die Ilsequelle ist eine der bekanntesten Heilquellen des Mittelalters. Viele Menschen wussten das

Wasser dieser Quelle zu schätzen und kamen regelmäßig oder pilgerten auf langen Reisen hierher.

Um den Kranken Obdach zu gewähren, ließ der Besitzer der Quelle, Graf Ludwig von Wittgenstein, 30 bis 40 Hütten in der Nähe errichten und in geringer Entfernung dazu einige Bäder anlegen.

Zugangswege / Orte am Weg

Deuz

Einwohnerzahl: 2.169
Länge: 8,1 km
Abstieg von 610 m ü NN auf 320 m ü. NN in den Ort.

Banfe

Einwohnerzahl: 1.500
Länge: 5,8 km
Kontinuierlicher Abstieg von 620 m ü. NN auf 370 m ü. NN.

Feudingen

Einwohnerzahl: 2.385
Länge: Nord: 6,6 km / Süd: 8,3 km
Kontinuierlicher Abstieg um 220 bzw. 230 Höhenmeter.

DIE HEILENDE KRAFT DES WASSERS

Zugangswege / Orte am Weg

Bad Laasphe

Einwohnerzahl: 5.807
Besonderheiten: Schloss, Pilzmuseum, Kneipp - Kurort, Int. Radiomuseum, Planetenlehrpfad
Länge: 14,2 km / Süd: 18,3 km
Anstieg, bevor man auf 340 m ü. NN in die Stadt hinabsteigt.

Hesselbach

Einwohnerzahl: 586
Länge: 8,1 km
Kurzer steiler Anstieg, bevor man entlang des Gonderbachs absteigt.

Fischelbach

Einwohnerzahl: 850
Länge: 7,3 km
Kontinuierlicher Abstieg (teils entlang des Fischelbachs) um 200 Meter in den Ort hinab.

Hainchen/Irmgarteichen (s. S. 90 / 91)

Für den Brunnenvogt wurde ein Sommerhaus gebaut. Diese „Kuranlage" wurde über Jahrhunderte aufgesucht, doch nach dem 30jährigen Krieg geriet die Wunderkraft der Heilquelle in Vergessenheit. Erst Mitte der 80er Jahre erlangte sie neue Bekanntheit, als das Geheimnis der Heilkraft gelüftet wurde. Durch elektromagnetische Polarisation wurden die besonderen physikalischen Eigenschaften des Wassers festgestellt. Dabei wurde entdeckt, dass die sechs Reaktionslinien, die fließendes Wasser entwickelt, allesamt positiv rechtsdrehend sind. Im Gegensatz dazu stehen die Reaktionslinien des normalen Trinkwassers, die abwechselnd positiv linksund rechtsdrehend sind.

Aufgrund dieser sehr seltenen Ausnahmesituation steht die Ilsequelle in einer Reihe mit den berühmten Quellen in Lourdes und des Sulztales und kann als wertvolles Magnetwasser bezeichnet werden.

Kaffeebuche und Hauberg

Der Wald in der Umgebung der Kaffeebuche wurde in früheren Zeiten als Hauberg genutzt. In seiner historisch überlieferten Form ist der Hauberg ein Eichen – Birken – Niederwald mit wenigen anderen Laubbaumarten, die alle 16 bis 20 Jahre gefällt wurden und danach selbständig aus dem Stock ausschlugen.

Neben dem Brenn- und Kohleholz lieferte der Hauberg auch Lohe (Eichenrinde) zum Gerben von Leder.

Im Anschluss an den Haubergschlag begann eine landwirtschaftliche Zwischennutzung. Es wurde Roggen oder Buchweizen angebaut und mit Sicheln geerntet, um den jungen Stockausschlag nicht zu beschädigen. Nach der Ernte hatte der Hauberg sechs Jahre Schonzeit, ehe er als Viehhude genutzt wurde. Vernahmen die Menschen in den Haubergen den Schall der mittäglichen Kirchenglocken aus den umliegenden Dörfern, war die Kaffeebuche ein begehrter Rastplatz.

Die Buche spendete wohltuenden Schatten an heißen Sommertagen und an der ehemals hier vorhandenen kleinen Quelle konnte man seinen Durst stillen.

Das Quellwasser wurde aber auch zum Kaffeekochen benutzt. Auf diese Weise hat der Baum seinen Namen erhalten. Aufgrund eines Pilzbefalls mußte die Kaffeebuche im Sommer 2004 gefällt werden.

VON KÖHLERN UND SCHMIEDEN

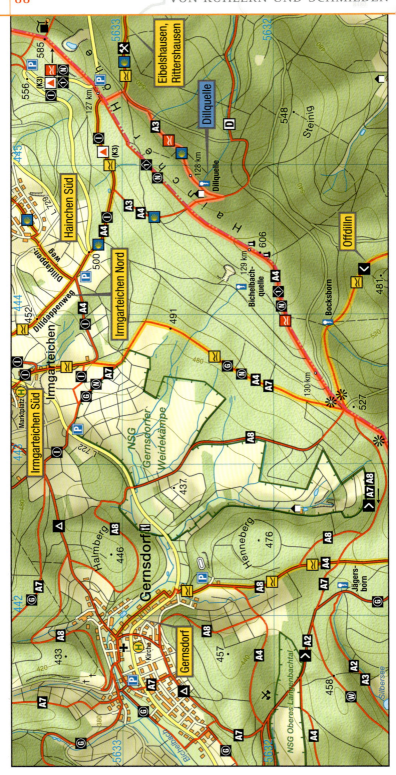

VON KÖHLERN UND SCHMIEDEN

89

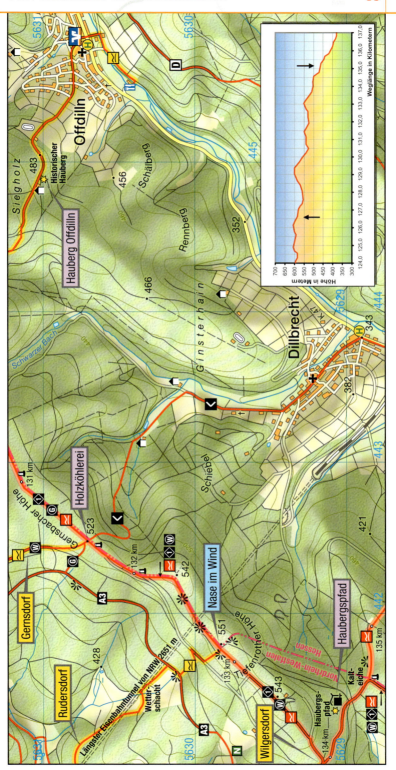

VON KÖHLERN UND SCHMIEDEN

Länge: 8,2 km – Naturnahe Wege: 46 %, Befestigte Wege: 54 % – Höhendifferenz: 220 m, max. Steigung/Gefälle: 15 % – Wald: 100 %, Offene Landschaft: 0 %

Dillquelle

Rund 50 Meter unterhalb der Haincher Höhe entspringt die Dill auf einer Höhe von 570 m ü. NN. Sie mündet nach 54 Kilometern in Wetzlar in die Lahn.

Die Dillquelle ist ebenso wie die ersten Meter des Wasserlaufs in Steine gefasst. Diese eignen sich gut als Sitzgelegenheit und laden zu einer Rast ein. Wer einen längeren oder trockenen Aufenthaltsort sucht, findet ihn in der nahe gelegenen Schutzhütte, an der es auch eine Feuerstelle gibt.

Hauberg Offdilln

Der Historische Hauberg Offdilln bietet einen hervorragenden Einblick in Bewirtschaftungsformen vergangener Jahrhunderte bis hin zur Kultur der Kelten vor 2.500 Jahren. Eine besondere Attraktion ist die Eisengewinnung nach dem Vorbild der Kelten, die in dem eigens nachgebauten Rennofen vorgeführt wird. Des Weiteren kann man auch einen selbst gebauten Lehmbackofen bewundern, in dem auch heute noch Brot gebacken wird.

Holzköhlerei

Um aus Erzgestein schmiedbares Eisen zu schmelzen, muss man es in einem Ofen viele Stunden auf mindestens 1.000°C erhitzen.

Eine solch hohe Temperatur ist aber nicht mit einem Holzfeuer, sondern nur mit Kohle zu erreichen. Damit aus Holz Kohle wird, muss das Holz „gebrannt" werden, darf dabei aber nicht verbrennen. Für diesen Prozess baute der Köhler einen Meiler.

Zunächst wurde ein Schacht aus kreuzweise übereinander geschichteten Hölzern hergestellt, in dem später das Feuer entzündet wurde. Um den Schacht herum wurden armdicke Hölzer von unterschiedlicher Länge kreisförmig senkrecht aufgestellt, so dass eine stumpfkegelige Form entstand.

Seitlich wurde diese mit einer Schicht aus Erde abgedichtet. Um den Meiler zu entzünden, füllte der Köhler den Schacht von oben mit brennenden Scheiten und schloss ihn anschließend

---

Zugangswege / Orte am Weg

Ewersbach

Einwohnerzahl: 3.329, Länge: 7,3 km

Rittershausen

Einwohnerzahl: 919, Länge: 4,5 km

Eibelshausen

Einwohnerzahl: 3.907
Länge: 10,4 km

Hainchen

Einwohnerzahl: 1.000
Länge: Nord: 2,7 km / Süd: 2,2 km

Offdilln

Einwohnerzahl: 745

VON KÖHLERN UND SCHMIEDEN

mit einem Rasen- oder Eisendeckel. Dann stieß er Löcher in die Meilerhaut, einige wenige direkt über dem Erdboden und eine Reihe im oberen Teil. Die zirkulierende Luft sorgte dafür, dass das Feuer nicht erstickte. An der Farbe des Rauches, der aus den Luftlöchern stieg, konnte der Köhler erkennen, wie weit der Brennvorgang fortgeschritten war. Während der Zeit des Verkohlens schrumpfte das Holz und damit der Meiler. Die Gefahr dabei bestand darin, dass Luft durch ein Loch in der Abdeckung des Meilers eintrat und das Feuer außer Kontrolle brachte; dann wäre alle Arbeit umsonst gewesen.

Deshalb blieb der Köhler Tag und Nacht in der Nähe des Meilers, bis er nach etwa 10 Tagen gar war. Die fertige Kohle wurde auseinander gezogen, mit Wasser gelöscht und zu den Schmelzöfen transportiert.

Für die Ausschmelzung von 1 Kilogramm Eisen benötigte man 10 Kilogramm Holzkohle, die wiederum aus 50 Kilogramm Holz hergestellt wurde. Dieser enorme Holzbedarf erklärt die frühere rigorose Abholzung der Wälder im Siegerland.

Im Bereich der Haincher Höhe am südlichen Zugangsweg nach Irmgarteichen eröffnet sich ein Panoramarundblick auf die gesamte Umgebung.

Nase im Wind

Die Tiefenrother Höhe liegt 551 m ü. NN und bietet fantastische Fernsichten in Richtung Süden auf das Lahn – Dill – Bergland und das Siegerland.

Dieser Aussichtspunkt ist noch eindrucksvoller als der an der nördlich gelegenen Haincher Höhe, da man hier vom erhöhten Standort der Aussichtsplattform „Nase im Wind" in die unterschiedlichen Landschaftsräume schauen kann. Wenn es die zeitliche Planung zulässt, ist bei entsprechenden Wetterlagen das Warten auf den Sonnenuntergang unbedingt zu empfehlen. Von der Kuppe kann man ein atemberaubendes Abendrot genießen.

In Richtung Norden ist der im Tal liegende Ort Irmgarteichen zu erkennen, dessen markanter Name wahrscheinlich auf eine junge Adelige namens Irmgart zurückgeht, die hier in der Gegend wohnte. Als sie schwer erkrankte, legte sie das Gelübde ab, dass sie, sobald sie wieder genesen sei, eine Kirche aus Eichenholz errichten wolle. Die heutige Kirche von Irmgarteichen wurde auf den Fundamenten jener Holzkirche gebaut.

Haubergspfad

Der Haubergspfad informiert über die traditionellen Arbeiten und Geräte im Hauberg. Neben anschaulichen Infotafeln findet der Besucher auch eine überdimensionale Haubergsuhr, auf der die Arbeiten über den Jahresverlauf dargestellt werden. Außerdem kann man sich einen Kohlenmeiler samt Köhlerhütte, Plaggennutzung, Eichen mit anhängender Lohe und Schanzen ansehen.

Zugangswege / Orte am Weg

Irmgarteichen

Einwohnerzahl: 836
Länge: Nord: 2,3 km / Süd: 3,1 km
Abstieg auf 400 m ü. NN.

Gernsdorf

Einwohnerzahl: 1.495
Länge: 3,0 km
Kontinuierlicher Abstieg von 523 m ü. NN auf 362 m ü. NN.

Rudersdorf

Einwohnerzahl: 2.553 - Länge: 4,6 m
Teils steiler Abstieg auf 350 m ü. NN

Wilgersdorf

Einwohnerzahl: 2.916
Länge: 1,7 km
Abstieg von 520 m ü. NN um 100 Höhenmeter auf 420 m ü. NN.

ALTE SITTEN UND BRÄUCHE

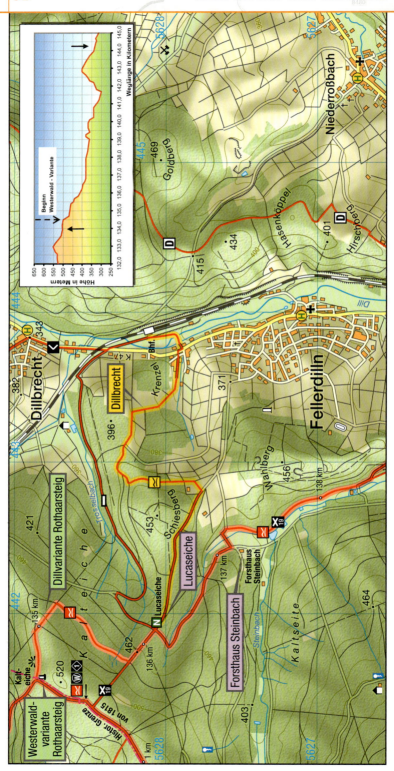

ALTE SITTEN UND BRÄUCHE 93

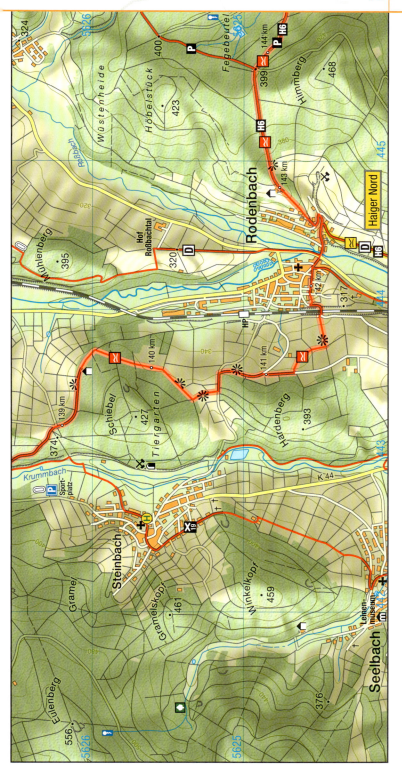

ALTE SITTEN UND BRÄUCHE

Länge: 10,0 km - Naturnahe Wege: 14 %, Befestigte Wege: 86 % - Höhendifferenz: 251 m, max. Steigung/Gefälle: 21 % - Wald: 60 %, Offene Landschaft: 33 %, Bebauung: 7 %

Dillvariante Rothaarsteig©

Aus Richtung Norden kommend, besteht an dieser Stelle die Möglichkeit, entweder über die Westerwaldvariante nach Dillenburg zu wandern, oder das Eingangsportal auf direktem Weg zu erwandern. Beide Wege enden in Dillenburg. Die Dillvariante hat eine Länge von etwa 20 Kilometern und führt durch

Rodenbach, über den bewaldeten Höhenzug „Die Struth" ins südliche Dilltal. Am Trennungspunkt der beiden Wege bietet sich ein Ausblick in Richtung Nordosten auf die Haincher Höhe und ins nördliche Dilltal.

Lucaseiche

Nordwestlich des Forsthauses Steinbach steht die als Naturdenkmal geschützte „Lucaseiche". Sie ist nach dem Revierförster Ludwig Heinrich Lucas benannt, der von 1873 - 1945 lebte und viele Jahre bis zu seinem Tod Leiter des Haigerer Forstamtes war.

Die Eiche hat eine Höhe von 27,5 Metern und der Stamm einen Umfang von 3,85 Metern. Das genaue Alter ist nicht feststellbar, es wird aber von Experten auf mindestens 220 Jahre geschätzt.

Im Jahre 1978 wäre die Lucaseiche beinahe abgebrannt, als spielende Kinder im Baum Feuer gelegt hatten. Die Folge war eine starke Beschädigung des Stammes. Um die Eiche zu retten, wurde der untere Teil im Auftrag der Unteren Naturschutzbehörde ausgemauert.

Die Lucaseiche stellt zugleich auch einen besonderen Anziehungspunkt dar. So war es lange Zeit Brauch, dass zu Silvester die Burschen aus der Umgebung hierher zogen und Feuerwerkskörper zündeten.

Bei den immer noch alljährlich üblichen Grenzgängen wird jedes Mal an dieser Stelle eine Rast eingelegt.

Forsthaus Steinbach

Nach dem Ende des Deutsch – Französischen Krieges (1870/71) erhielt

Zugangswege / Orte am Weg

Dillvariante Rothaarsteig©

Gesamtlänge: ca. 20 km
Variantenende: Dillenburg

Dillbrecht

Einwohnerzahl: 681
Besonderheiten: Kirche aus dem 18. Jahrhundert
Länge: 2,9 km
Kontinuierlicher Abstieg auf 360 m ü. NN.

ALTE SITTEN UND BRÄUCHE

Zugangswege / Orte am Weg

Rodenbach

Einwohnerzahl: 883

Haiger Nord

Einwohnerzahl: 5.635
Besonderheiten: Karsthöhle
Länge: 4,3 km
Kontinuierlicher Abstieg von 320 m ü. NN auf 280 m ü. NN in die Stadt hinunter.

Deutschland von Frankreich Reparationszahlungen in einer Höhe von insgesamt vier Millionen Franc. Davon finanzierte das Land Preußen unter anderem den Bau von Forsthäusern.

Diese wurden alle im gleichen Baustil errichtet und umfassten ein Wohnhaus mit Stall und Scheune. Dazu gehörte auch das 1883 erbaute Forsthaus Steinbach, das heute eine Außenstelle des Forstamtes Haiger ist.

Die umliegenden waldfreien Bereiche werden als so genanntes „Dienstland" bezeichnet und wurden früher von den Förstern landwirtschaftlich genutzt.

Daraus ergeben sich noch heute schöne Blickbeziehungen auf das im Wald gelegene Haus und den wegbegleitenden Krummbach, der an einigen Stellen zu kleinen Teichen aufgestaut wurde.

Ein idyllischer Platz für eine Rast und eine gute Möglichkeit zur Erfrischung und zum Spiel.

Nördlich von Rodenbach verläuft der Weg unterhalb der Kuppen von „Schiebel" und „Hardenberg", wodurch sich mehrmals eine weite Aussicht in alle Himmelsrichtungen öffnet.

Man blickt hinunter auf die Orte Steinbach, Fellerdilln, Niederroßbach und Rodenbach. Teilweise ist auch eine Aussicht auf die im Süden gelegene Stadt Haiger möglich.

In Rodenbach führt der Weg in unmittelbarer Nähe an der Kirche vorbei. Das Läuten der Glocke hatte in früherer Zeit eine vielseitige Bedeutung.

So verkündete zum Beispiel eine Glocke um 8 Uhr den Tod eines Dorfbewohners. Wurde sie wiederholt kurz angeschlagen, forderte man damit die Männer des Dorfes auf, sich zu allgemeinen Arbeiten in Ort und Umgebung zu versammeln.

Als das Backhaus noch Backzwecken diente, bedeutete das 11-Uhr-Läuten mittwochs und samstags, sich zur Auslosung der Backkfolge beim Backes einzufinden.

Für die gerechte Auslosung der Reihenfolge war der Gemeindediener verantwortlich. Dazu brachte er Würfel mit, die mit den Nummern der Backbezirke gekennzeichnet waren.

Jeden Mittwoch wurde die Folge für das Kuchen- und Brotbacken ausgelost, samstags die zum Brotbacken.

Östlich von Rodenbach kann man von einer Bergkuppe einen weiten Blick genießen.

In Richtung Nordwesten blickt man bis zur Kalteiche im Siegerland, im Süden liegt das Dilltal. An einer Schutzhütte mit Grillplatz kann man sich von der Anstrengung erholen.

EINGANGSPORTAL DILLENBURG

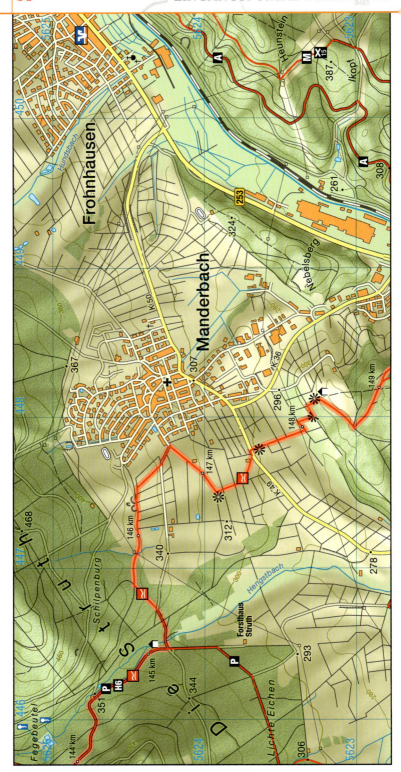

EINGANGSPORTAL DILLENBURG 97

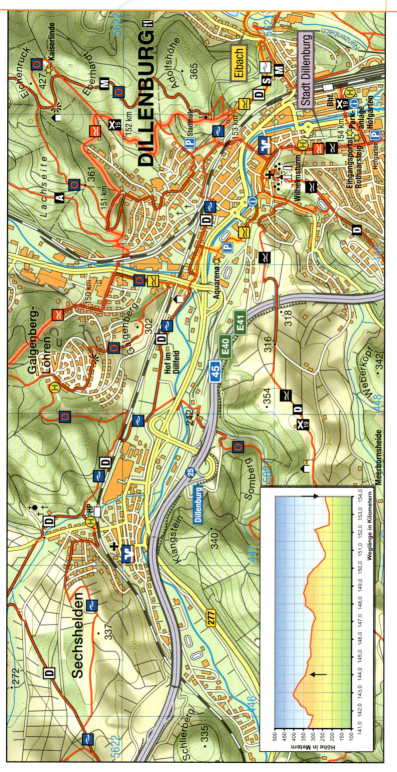

EINGANGSPORTAL DILLENBURG

Länge: 10,1 km – Naturnahe Wege: 28 %, Befestigte Wege: 72 % – Höhendifferenz: 180 m, max. Steigung/Gefälle: 28 % – Wald: 30 %, Offene Landschaft: 42 %, Bebauung: 28 %

Östlich von Rodenbach befindet sich zwischen den Städten Dietzhölztal und Haiger „Die Struth", ein Höhenzug mit markanten Kuppen.

Der Weg über die Bergkette führt durch einen tief eingeschnittenen Sattel, durch den der Hengstbach fließt. Der Bach verläuft größtenteils parallel zum Weg und wird westlich von Manderbach gequert.

In der Nähe des Ortes Manderbach, den man im Westen passiert, eröffnen sich mehrmals weitreichende Aussichten in alle Richtungen der umgebenden Land-schaft. Vom Galgenberg am Dillen-burger Stadtrand bietet sich eine gute Sicht auf „Die Struth" und über die brei-te Talmulde der Dietzhölze hinunter auf die Stadt. Gut erkennbar ist der hoch über den Häusern aufragende Wilhelm-sturm.

Stadt Dillenburg

Der in den Jahren 1872 bis 1875 auf dem Schlossberg errichtete 40 Meter hohe Turm ist das heutige Wahrzeichen der Stadt. Er wurde in Gedenken an Wil-helm I. gebaut, der 1533 im Dillenburger Schloss geboren wurde.

Erstmals wurde die Bergkuppe Anfang des 12. Jahrhunderts mit einer Burgan-lage bebaut, die 1325 nach zahlreichen Fehden in Schutt und Asche gelegt wur-de. Unter Graf Willhelm dem Reichen wurde die Anlage um 1535 zu einem Schloss ausgebaut und erhielt eine starke, etwa 20 Meter hohe Be-festigungsmauer, die dem Schlossberg noch heute sein imposantes Aussehen verleiht.

Im Siebenjährigen Krieg wurde das Schloss am 13. Juli 1760 nach nur 14-tägiger Belagerung von den Franzo-sen durch glühend gemachte Kugeln beschossen und zerstört.

Mit Ausnahme des ehemaligen Gefäng-nisses stehen heute nur noch Ruinen. Größtenteils intakt geblieben sind die Kasematten. Diese Verteidigungsanla-gen gelten als die größten ih-rer Art in Deutschland und können über die Wehr-gänge besich-tigt werden. In dieser spät-mittelalter-lichen Anlage konnten in Kriegszeiten

Zugangswege / Orte am Weg

Manderbach

Einwohnerzahl: 2.634

Eibach

Einwohnerzahl: 1.206
Länge: 2,1 km
Besonderheiten: Heilquelle mit Gradierwerk, Bergmannspfad
Bewegter Auf- und Abstieg hinauf auf 300 m ü. NN

EINGANGSPORTAL DILLENBURG

Zugangswege / Orte am Weg

Dillenburg

Einwohnerzahl: 9.542
Besonderheiten: Schlossruine mit Wilhelmsturm, Hessisches Landgestüt mit Kutschenmuseum, Ev. Stadtkirche mit Fürstengruft, Wirtschaftsgeschichtliches Museum, Kasematten (größte unterirdische Verteidigungsanlagen in Deutschland)

Hauptweg und Westerwaldvariante aufeinander. Wenige Meter weiter östlich endet der Weg am Bahnhof.
Heute ist Dillenburg für das im 18. Jahrhundert eingerichtete Hessische Landgestüt bekannt, das in einer alten Tradition die Pferdezucht in Hessen fördert.
Nachdem der Bergbau und die Schwerindustrie Ende der 70er Jahre weitgehend aufgegeben wurden, spielt neben Handel und Gewerbe der Tourismus für die urige, traditionsbewusste Stadt an der Dill mit gut erhaltenen historischen Gebäuden und Fachwerkhäusern eine wichtige Rolle.

Niederlande.
Bei der heutigen Wilhelmslinde handelt es sich allerdings um einen Zögling der damaligen Linde.
Vom Bismarcktempel steigt man in die Dillenburger Altstadt hinab. Deren Bild wird durch eine Vielzahl gut erhaltener Fachwerkhäuser und kleiner Gässchen geprägt.
Besonders auffällig sind die restaurierten Häuser in der Fußgängerzone und eine breite Prachtstraße, die von alten

Barockgebäuden gesäumt wird.
Nicht weit entfernt liegt der Hofgarten, die Parkanlage des Nassau – Dillenburger Grafen- und Fürstenhauses, in dem sich das südliche Eingangsportal des Rothaarsteiges® befindet. Hier treffen

über 2.000 Soldaten zur Verteidigung des Schlosses unterkommen.
Unweit des Wilhelmsturmes steht die „Wilhelmslinde". Dazu heißt es, dass Wilhelm I. von Oranien im Jahre 1568 in ihrem Schatten eine niederländische Delegation von Flüchtlingen empfangen hat, die ihn um Unterstützung im Kampf gegen die Spanier gebeten hat.
Er versprach ihnen Hilfe und rüstete sie mit allen ihm zur Verfügung stehenden Mitteln aus. Das ging sogar so weit, dass seine Verwandtschaft ihr gesamtes Gold und Silber abgeben und nur noch aus hölzernem und zinnernem Geschirr essen musste. Viele Westerwälder zogen damals mit in den Krieg und vergossen ihr Blut für die Freiheit der

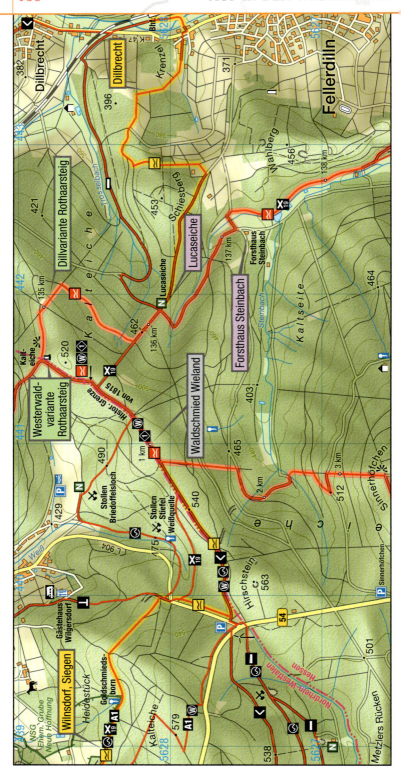

AUF IN DEN WESTERWALD

101

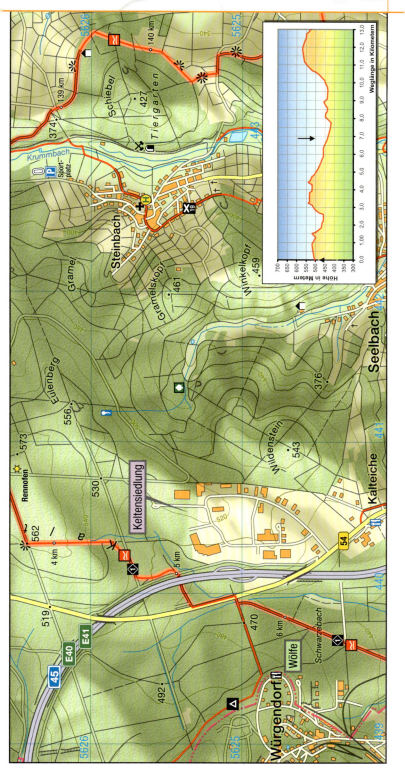

AUF IN DEN WESTERWALD

Länge: 6,9 km - Naturnahe Wege: 43 %, Befestigte Wege: 57 % - Höhendifferenz: 120 m, max. Steigung/Gefälle: 29 % - Wald: 100 %, Offene Landschaft: 0 %

Westerwaldvariante Rothaarsteig®

Aus Richtung Norden kommend besteht an dieser Stelle die Möglichkeit, entweder auf direktem Weg nach Dillenburg zu wandern oder das Eingangsportal über die rund 52 Kilometer lange Westerwaldvariante zu erwandern. Beide Wege enden in Dillenburg.

Die Westerwaldvariante führt durch die sanft hügelige Landschaft des Hohen Westerwaldes, dessen Höhenunterschiede im Vergleich zum Rothaargebirge deutlich geringer sind.

Die Bewaldung der Berge nimmt zudem ab und das Landschaftsbild wird überwiegend durch eine offene Kulturlandschaft mit Äckern, Wiesen, einzelnen Bäumen und Hecken geprägt. Eine geschlossene Bewaldung findet sich fast ausschließlich nur noch in den Kuppenbereichen. Deshalb öffnen sich auch immer wieder weite Fernsichten in unterschiedliche Himmelsrichtungen.

Der südlichste Punkt wird im Bereich des Dreiländerecks an der Fuchskaute (657 m ü. NN) erreicht, bevor der Bogen nach Nordosten in Richtung Dillenburg geschlagen wird.

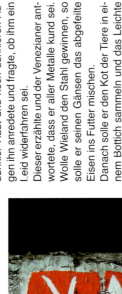

Waldschmied Wieland

In der Nähe von Wünsdorf lebte und arbeitete der Waldschmied Wieland. Er war bekannt für seine kunstvollen Trinkgefäße und vortrefflichen Schwerter. Sogar der König von Gotland bestellte bei ihm ein Schwert. Dieses sollte so scharf werden, dass es einen in der Luft schwebenden Spinnfaden durchschnitt.

Wieland machte sich an die Arbeit, die jedoch misslang. Unzufrieden saß er vor seiner Höhle, als ein Venezianer mit dunkler Haut und noch dunkleren Augen ihn anredete und fragte, ob ihm ein Leid widerfahren sei.

Dieser erzählte und der Venezianer antwortete, dass er aller Metalle kund sei. Wolle Wieland den Stahl gewinnen, so solle er seinen Gänsen das abgefeilte Eisen ins Futter mischen.

Danach solle er den Kot der Tiere in einem Bottich sammeln und das Leichte herausschwenken. Das Schwere, Metallische, das zu Boden sinke, solle Wieland mit seinem Schmelzgut im Ofen vermischen.

Und wirklich, das Schwert für den König war so scharf, dass es einen in der Luft schwebenden Spinnfaden durchschnitt. Wieland erhielt einen Beutel voll Gold und der Venezianer blieb noch zwei Jahre sein Geselle.

Zugangswege / Orte am Weg

Westerwaldvariante Rothaarsteig
Gesamtlänge: 52,5 km
Variantenende: Dillenburg

Wünsdorf

Einwohnerzahl: 3.289
Besonderheiten: Kulturhistorische Begegnungsstätte
Länge: 6,5 km
Abstieg von 520 m ü. NN auf 400 m ü. NN.

AUF IN DEN WESTERWALD

Zugangswege / Orte am Weg

Siegen

Einwohnerzahl: 103.370
Besonderheiten: Siegerlandmuseum im Oberen Schloß mit Gemälden und Grafiken des Malers Peter Paul Rubens, der in Siegen geboren wurde, Medien- und Kulturhaus Lÿz,
Länge: 19,9 km
Bewegter Auf- und Abstieg über Wilnsdorf, Obersdorf und das Obere Schloß zum Bahnhof

Keltensiedlung

Während der Eisenzeit (6. bis 1. Jahrhundert v. Chr.) bestand auf der „Kalteiche" eine kleine Ansiedlung mit zugehörigem Gräberfeld. Teilweise befanden sich Beigaben in den Gräbern, z. B. Teile der Kleidung (Armringe, Fibeln, Gewandnadeln, Gürtelhaken), Lanzen und Messer. Die Grabhügelbestattungen zählen zu den ältesten Gräbern der höheren Mittelgebirgslagen

Mittelhessens und des angrenzenden Siegerlandes. Bei dem Grabgarten handelt es sich um einen Bestattungsplatz, der von einem Wall mit vorgelagertem Graben eingehegt wurde. Sowohl die Anlage selbst als auch die Grabbeigaben besitzen Parallelen zum keltischen Oppidum auf dem Dünsberg bei Gießen und belegen so die Zugehörigkeit der „Kalteiche" zur keltischen Welt.

Die Lage der Siedlung ist heute noch durch Podien und schmale Ackerraine gut zu erkennen. Fundobjekte sind im Heimatmuseum in Haiger, Am Marktplatz, zu besichtigen.

Wölfe

Bis ins 17. Jahrhundert hinein lebte eine große Anzahl an Wölfen in den umgebenden Wäldern. Besonders im Winter, wenn alles eingeschneit war, fand das Raubwild oft nicht genug Nahrung, so dass es sich in die Nähe der Menschen vorwagte.

Nachts brachen die Wölfe häufig in ganzen Rudeln in die Waldungen ein, um die in Pferchen untergebrachten Tiere zu reißen. Manchmal durchstreiften sie in der Dämmerung auch die Dörfer und drangen in die Ställe ein.

Häufig töteten sie dabei mehr Tiere als sie fressen konnten und bereiteten damit den Bauern und Hirten großen Schaden. Wurden die Wölfe zur Plage, veranlassten die nassauischen Fürsten Treibjagden. Mit Keulen, Schwertern und Spießen gingen sie gegen die Tiere vor, doch nur wenige konnten auf diese Weise erlegt werden.

Zusätzlich wurden hunderte von Gruben ausgehoben, die zum Teil mit Tellereisen versehen wurden. In jedem Winter konnten auf diese Art mindestens 60 Wölfe im Dillenburger und Siegerland getötet werden. Die Jagden waren für die Männer sehr beschwerlich, da die Wälder zur damaligen Zeit noch wenig

erschlossen, sehr dicht und undurchdringlich waren. Erst mit Einführung der Schusswaffen konnten die Bestände dezimiert werden. Da die Angst der Menschen vor den Wölfen so groß war, rotteten sie diese gänzlich aus.

In der Mitte des 19. Jahrhunderts wurde der letzte Wolf in dieser Region erschossen. Damit verschwanden die Wölfe aus der Landschaft.

BEDEUTENDE LEBENSRÄUME

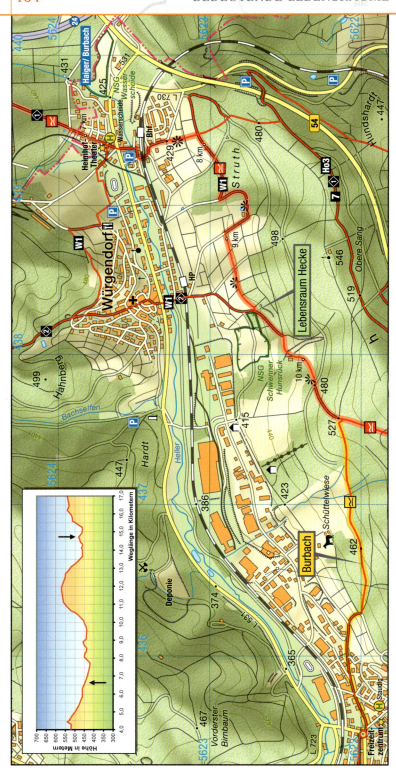

BEDEUTENDE LEBENSRÄUME

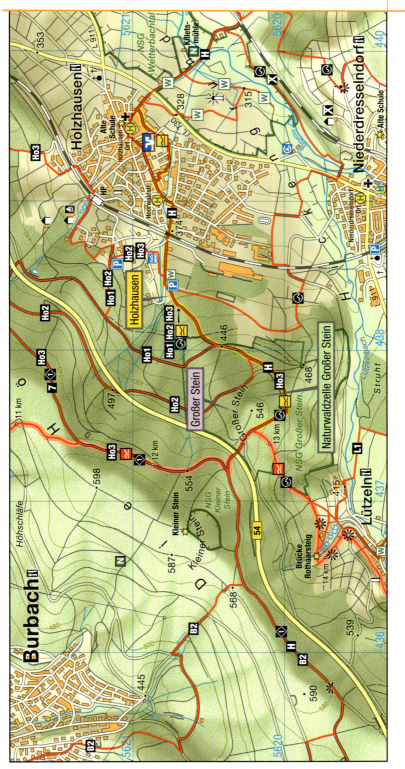

BEDEUTENDE LEBENSRÄUME

Länge: 8,3 km - Naturnahe Wege: 19 %, Befestigte Wege: 81 % - Höhendifferenz: 150 m, max. Steigung/Gefälle: 22 % - Wald: 62 %, Offene Landschaft: 38 %

Lebensraum Hecke

Südlich von Würgendorf kann man einen vielfältigen, reich strukturierten Kulturlandschaftsraum erleben. Er ist durch kleinteilige Acker- und Grünlandparzellen geprägt, welche oftmals durch lange Hecken voneinander getrennt werden.

Im Verlauf des Weges öffnen sich zahlreiche Aussichten in diese attraktive Landschaft. Besonders ansprechend ist der Blick in Richtung Norden und Westen auf den Ortrand von Würgendorf und die daran angrenzenden Flächen.

Hecken übernehmen mehrere wichtige Funktionen, indem sie sich zum Beispiel positiv auf das Kleinklima auswirken. Sie mindern die Windgeschwindigkeit, fördern die Taubildung, mindern die Verdunstung und wirken ausgleichend auf die Temperatur. Damit schützen sie den Boden vor Austrocknung und Erosion. Oftmals bestehen Hecken aus vielen verschiedenen Straucharten, so dass sie häufig vom Frühling bis in den Spätsommer blühen. Dadurch werden ständig Nektar und Samen für die Nahrung suchenden Insekten und Vögel produziert, wobei insbesondere Bienen für die Bestäubung der Pflanzen sorgen sowie Vögel und Ameisen die Verbreitung der Samen übernehmen.

Häufig hängen noch im Winter Schlehen und Hagebutten an den Sträuchern und spenden einigen Tierarten Nahrung. In den vergangenen Jahrhunderten dienten Hecken auch den Menschen als wichtige Nahrungsquelle. Laut einer Schätzung ergeben 40 Meter Haselsträucher etwa 15 Kilogramm Nüsse, 30 Meter Holunder ungefähr 30 Kilogramm Beeren und 25 Eberenschen etwa 250 Kilogramm Beeren. Außerdem wurden Blüten, Früchte und Rinde der Sträucher gesammelt und beispielsweise zum Färben von Kleidung, als Medizin oder zur Herstellung von Marmelade oder Likör genutzt. Die durch regelmäßigen Schnitt anfallenden Äste und Zweige wurden als Brenn- und Nutzholz für Pfosten, Resen oder Korbflechtwerk verwendet.

Die vielen Hecken in dieser Region stellen eine Besonderheit dar, da Hecken Anfang des letzten Jahrhunderts ihre Bedeutung als Holz- und Nahrungsquelle verloren und für die Landwirtschaft regelrecht zum Hindernis wurden. Diese forderte immer größere Feldschläge, um die ständig leistungsfähiger werdenden Landmaschinen voll auszulasten.

Zugangswege / Orte am Weg

Würgendorf

Einwohnerzahl: 1.637
Besonderheiten: Heimhoftheater

Burbach

Einwohnerzahl: 4.681
Länge: 2,7 km
Kontinuierlicher Abstieg von 530 m ü. NN um 110 Höhenmeter auf 420 m ü. NN.

BEDEUTENDE LEBENSRÄUME

Naturwaldzelle Großer Stein

In einer Naturwaldzelle ist jegliche forstwirtschaftliche Nutzung aufgegeben worden. Sie stellt ein Forschungsgebiet dar, in dem sich über viele Jahrzehnte hinweg ein vom Menschen unbeeinflusstes Waldökosystem einstellen soll.

Anhand der gewonnenen Erkenntnisse werden Konzepte für eine naturnahe Waldbewirtschaftung erarbeitet und Maßnahmen zum Naturschutz abgeleitet.

Der Große Stein ist eine Basaltfelskuppe mit einer natürlich baumfreien Basalt – Blockhalde. Felsblöcke unterschiedlicher Größe liegen offen an der Oberfläche und werden zum größten Teil von vielen verschiedenen Moosen und Flechten besiedelt.

Die weniger baumfeindlichen Steilhänge und Blockschuttbereiche (schotterähnliche Gesteinsgröße) werden von einem Linden – Ulmen – Blockwald bewachsen.

Am Fuße des Hanges finden sich außerdem die nur an einigen wenigen Stellen des Rothaargebirges und Westerwaldes vorkommenden Baumarten Birke, Ahorn und Eberesche.

In den normalerweise dominierenden Buchenwäldern können sie sich gegenüber der Buche nicht durchsetzen.

Die Blockschutthalde am „Großen Stein" gehört zu einem der wenigen natürlich baumfreien Felsstandorte Nordrhein – Westfalens und gilt deshalb als sehr seltener, wertvoller Lebensraum für an Felsen angepasste Tier- und Pflanzenarten.

Großer Stein

Als die Berge des Hickengrundes noch mit wilden Urwäldern bedeckt waren, hauste auf der „Höhe" der mächtige Riese Wackebold. Er erschlug Menschen mit Steinen und ausgerissenen Bäumen. Deshalb verließen die Bewohner des Dörfchens am Fuße der „Höhe" aus Angst ihre Hütten.

Doch eines Tages kam Hans Hick mit seinen sieben Söhnen in diese Gegend. Kaum hatte Wackebold sie erspäht, wird auch schon der jüngste Sohn Hans Hicks von einem Stein getroffen und fällt tot zu Boden.

Die Brüder begraben ihn und Hans Hick schwört dem Riesen bittere Rache. In dunkler Nacht schleicht er mit den Seinen die Höhe hinan. Der Berg erdröhnt unter dem Schnarchen des Riesen.

Doch Hans Hick stellt sich auf die gewaltige Stirn des Unholds und wirft ihm einen dicken Basaltknorren in den weit aufgesperrten Rachen, an dem Wackebold jämmerlich erstickt.

Die Bäume, die der Riese ausgerissen hatte, schleppten die Männer ins Tal und bauten davon hölzerne Häuser. So entstand das Dorf Holzhausen und das Tal wurde zu Ehren Hans Hicks fortan „Hickengrund" genannt.

Zugangswege / Orte am Weg

Holzhausen

🚌 📷 🅗 DB

Einwohnerzahl: 2.250
Besonderheiten: Kirche, deren Baugeschichte bis in das 13. Jahrhundert zurückreicht mit Glocken aus 1450 und 1459. Fachwerkhaus „Fiesterhannes" aus dem Jahre 1691, 250 Jahre altes Backhaus
Länge: 3,1 km
Steiler Abstieg auf 380 m ü. NN.

108 IM HOHEN WESTERWALD

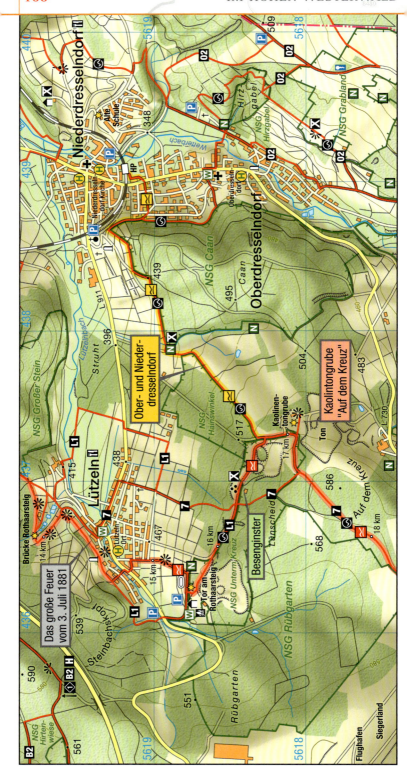

IM HOHEN WESTERWALD 109

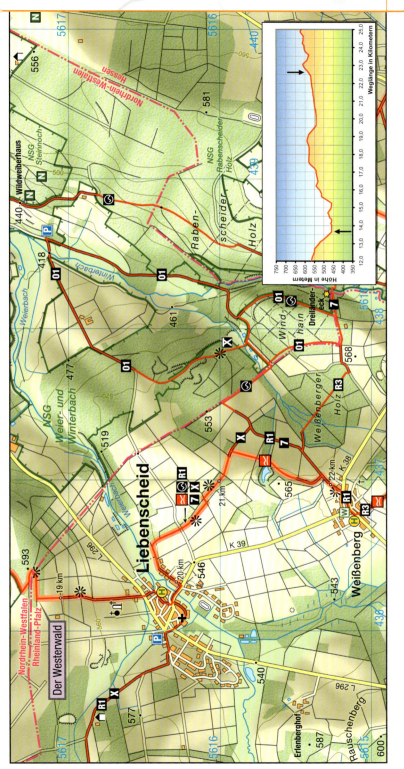

IM HOHEN WESTERWALD

Länge: 9,1 km - Naturnahe Wege: 20 %, Befestigte Wege: 80 % - Höhendifferenz: 165 m, max. Steigung/Gefälle: 15 % - Wald: 34 %, Offene Landschaft: 51 %, Bebauung: 15 %

Zugangswege / Orte am Weg

Lützeln

Einwohnerzahl: 850

Niederdresselndorf

Einwohnerzahl: 1.650
Besonderheiten: Über 250 Jahre alte Kirche im Ortskern
Länge: 3,1 km
Teils steiler Abstieg auf 400 m ü. NN.

Nördlich von Lützeln quert man den Lützelnbach, der an dieser Stelle mehrmals angestaut wird. Über ein Mühlrad wird das ankommende Wasser in kleine Fischteiche geleitet.

Das große Feuer vom 3. Juli 1881

Es war an einem Sonntag, als das am Fuße des Westerwaldes gelegene Dorf Lützeln ein furchtbares Brandunglück erlebte. Zu dieser Zeit herrschte eine große Dürre in der Region. Erwiesen scheint, dass der immense Schaden auf den Wassermangel zurückzuführen ist, so dass der Brand fast das ganze Dorf vernichtet hat.

Kurz nach ein Uhr nachmittags brach aus unbekannten Gründen das Feuer im oberen Teil des Dorfes aus und innerhalb kürzester Zeit gingen zahlreiche Strohdächer in Flammen auf. Es wurde geschätzt, dass etwa alle fünf Minuten ein weiteres Haus den Flammen zum Opfer fiel. Aufgrund des fehlenden Wassers konnte das Feuer nicht gelöscht werden, so dass nur 6 von insgesamt 75 Häusern verschont geblieben sind. Glücklicherweise gab es aber kein Menschenleben zu beklagen. Ein nur geringer Trost war, dass die Ernte noch nicht eingebracht war.

Besenginster

Zwischen Lützeln und dem Flughafen Siegerland kommt man in einen Landschaftsraum, der durch tiefe Gruben geprägt ist. In mehreren Bereichen wird seit langer Zeit großflächig Ton abgebaut, der für die Herstellung keramischer Produkte verwandt wird.

An den Böschungs- und angrenzenden Waldrändern bestehen besonders für den Ginster ideale Lebensbedingungen, so dass er sich hier weiträumig ausgebreitet hat. Den ganzen Sommer über blüht er leuchtend hellgelb und ist schon aus der Ferne gut zu erkennen.

Obwohl die gesamte Pflanze giftig ist und schon der Verzehr geringer Mengen zum Erstickungstod führen kann, werden einige Bestandteile für medizinische Zwecke genutzt.

Die heilende Wirkung war bereits im Altertum bekannt, als man Blüten, Samen und Asche der Pflanze als Arznei zum Beispiel gegen Wassersucht und Kropf verwandte. Heute wird Ginster bei Angstzuständen, Herzrhythmus- und Durchblutungsstörungen eingesetzt. Der Name Besenginster ist auf die frühere Nutzung der Zweige zur Herstellung von Besen zurückzuführen.

IM HOHEN WESTERWALD

Kaolintongrube "Auf dem Kreuz"

Die Tongrube "Auf dem Kreuz" ist die einzige Kaolingewinnungsstätte in NRW. Das abgebaute Kaolin dient zur Herstellung von feinkeramischen Produkten, u. a. Tafelgeschirr, Ofenkacheln, Kunstkeramik, Isolatoren im Hochspannungsbereich etc.

Der Rothaarsteig® führt hier unmittelbar am Grubengelände vorbei und gewährt bei schönem Wetter einen hervorragenden Einblick in den Abbaubereich der Tongrube. Auf dem Grund der Grube findet sich der hellgraue bis weiße Kaolin. Überdeckt wird der Kaolin von Basalt, Basalttuffen und Tuffiten der Westerwälder Basaltdecke.

Die Entstehung des Kaolins reicht bis in die Tertiär-Zeit (vor mehr als 20 Mio. Jahren) zurück, als ein sehr feuchtes und zugleich heißes Klima in Mitteleuropa herrschte und die zutage tretenden Gesteinsschichten einer starken Verwitterung ausgesetzt waren, die für eine intensive Zersetzung und Umwandlung der Gesteine sorgte.

Gegen Ende der Tertiär-Zeit brachen vor ca. 20 Mio. Jahren im Zentrum des heutigen Westerwaldes gewaltige Vulkane aus und förderten ungeheure Mengen von Basalt-Lava und basaltischen Tuffen zutage. Der Basalt ergoss sich über die tertiäre Landoberfläche und versiegelte sie.

Der Westerwald

Wenn heutzutage über den Westerwald gesprochen wird, meint man das gesamte Mittelgebirge zwischen Rhein, Lahn, Dill und Sieg. Der Hohe Westerwald - das klimatisch raue Hochland - bildet das Kerngebiet dieser Landschaft. Der Name Westerwald erscheint zuerst in einer Überlieferung aus dem Jahre 1048, als der Trierer Erzbischof Eberhard die Kirche von Haiger weihte und die Grenzen ihres Sprengels beschrieb. Dabei wurde der Teil des Waldes, der zwischen der Nister und der Südgrenze des Kirchensprengels lag, aufgrund seiner geographischen Lage „im Westen des Königshofes Herborn" Westerwald genannt.

Dieser Wald war aber schon zum Zeitpunkt seiner Erstwähnung kein geschlossenes Waldgebiet mehr, sondern bereits besiedelt.

Mehr als drei Jahrhunderte beschränkte sich der Name Westerwald auf dieses Gebiet. Erst ab dem Ende des 14. Jahrhunderts fand eine immer größere Namens- und Gebietsausdehnung statt, die bis zu den heute bekannten Grenzen geführt hat.

In der Umgebung von Liebenscheid führt der Weg durch eine offene Kulturlandschaft, die an vielen Stellen weite Aussichten ermöglicht. Besonders attraktiv ist der Blick auf den im Süden gelegenen Ort Weißenberg und die sich daran anschließenden Hänge.

Zugangswege / Orte am Weg

Liebenscheid

Einwohnerzahl: 921

112 DIE FUCHSKAUTE - ALPINES FLAIR

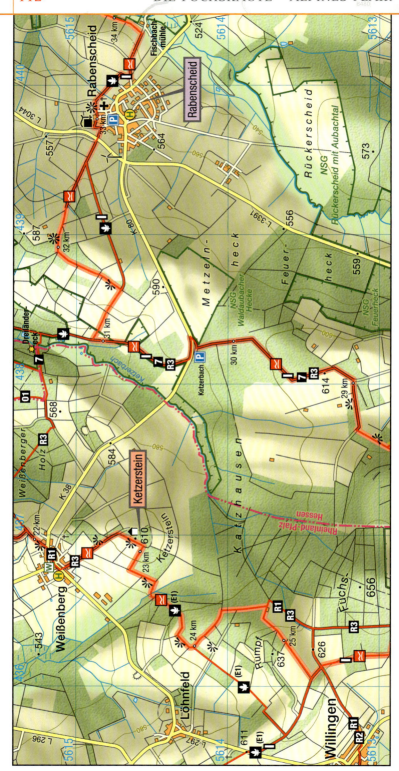

DIE FUCHSKAUTE - ALPINES FLAIR 113

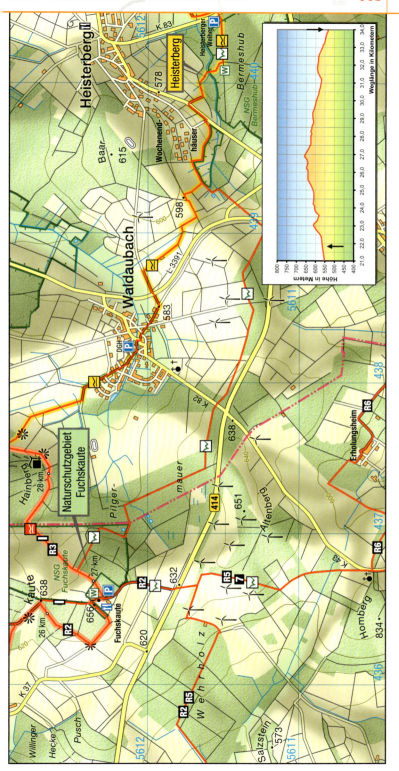

DIE FUCHSKAUTE – ALPINES FLAIR

Länge: 12,3 km - Naturnahe Wege: 29 %, Befestigte Wege: 71 % - Höhendifferenz: 139 m, max. Steigung/Gefälle: 10 % - Wald: 29 %, Offene Landschaft: 68 %, Bebauung: 3 %

Ketzerstein

Während der Tertiärzeit vor etwa 25 bis 30 Millionen Jahren entstand die Basaltblockgruppe des Ketzersteins. Damals war ein Großteil des Westerwaldes mit einer geschlossenen Basaltdecke überzogen.

Diese erreichte nicht selten eine Mächtigkeit von bis zu 100 Metern. Durch natürliche Verwitterungsprozesse (Wasser, Wind und Frostsprengung) ist der Basalt rings um den Ketzerstein aufgelöst worden und nur diese besonders harten Gesteinsblöcke haben den Kräften widerstehen können.

Eine interessante Naturerscheinung ist die schwankende Polarität der Kompassnadel in unmittelbarer Nähe des Ketzersteins. Dieses ist auf magnetische Mineralien, wie zum Beispiel Eisenoxid, die im Basalt enthalten sind, zurückzuführen.

Der Name Ketzerstein ist aus dem Wort „Katze" entstanden und deutet darauf hin, dass an dieser Stelle ein mittelalterlicher Grenzübergang (Katze genannt) gewesen ist.

Ein Zusammenhang mit dem Ketzerbach und der nahe gelegenen Ortswüstung Katzhausen ist wahrscheinlich. Vom 612 m ü. NN hoch gelegenen Ketzerstein hat man eine weite Aussicht in den Hohen Westerwald hinein.

Naturschutzgebiet Fuchskaute

Mit 657 m ü. NN ist die Basaltkuppe der Fuchskaute die höchste Erhebung des Westerwaldes. Sie befindet sich südwestlich des Dreiländerecks von Nordrhein - Westfalen, Hessen und Rheinland - Pfalz und liegt im zuletzt genannten Bundesland.

Nach Nordosten öffnet sich eine weite Aussicht in den Westerwald, nach Südwesten reicht der Blick bis zur Montabaurer Höhe.

Seit fast 20 Jahren steht das Gebiet unter Naturschutz, da durch das raue Klima und eine traditionelle Art der Weidenutzung Wiesen entstanden sind, wie sie sonst typisch für die Alpen sind.

Zugangswege / Orte am Weg

Weißenberg

Einwohnerzahl: 137
Besonderheiten: Museumsstübchen

Rabenscheid

Einwohnerzahl: 446

DIE FUCHSKAUTE - ALPINES FLAIR

Man findet hier viele stark gefährdete Pflanzenarten wie zum Beispiel das Breitblättrige Knabenkraut, eine seltene, heimische, vom Aussterben bedrohte Orchideenart. Sie blüht im Mai / Juni purpurrot, rosa oder weiß und erreicht eine Höhe von bis zu 50 Zentimetern.

Weitere seltene, auf den Wiesen vorkommende Arten sind die Waldhyazin-

the und die intensiv duftende Arnika. Diese ist bekannt für ihre heilende Wirkung, beispielsweise bei Blutergüssen, Prellungen, Entzündungen, rheumatischen Schmerzen und Insektenstichen. Mit etwas Glück findet man auch den Sonnentau, eine fleischfressende Pflanze. An den Enden ihrer Blätter befinden sich viele klebrige Tröpfchen, die im Sonnenschein wie frischer Tau glitzern. Damit lockt die Pflanze Insekten an, die beim ersten Kontakt mit dem Sekret festkleben. Je mehr sich die Käfer, Fliegen, Libellen oder Schmetterlinge bewegen, desto stärker wird die Klebewirkung.

Am Ende wird das Tier komplett von den Blättern umschlossen und mit Hilfe einer Säure aufgelöst.

Zwischen der Fuchskaute und dem Ort

Rabenscheid eröffnen sich immer wieder weite Ausblicke nach Norden und Osten in das Naturschutzgebiet Fuchskaute.

Rabenscheid

Der Name Rabenscheid geht zum einen auf die großen, heute unter Naturschutz stehenden Kolkraben zurück, die einst mit ihren klangvollen Rufen die dicht bewaldeten Höhen erfüllten, zum anderen auf ein großes geschlossenes Waldgebiet, das in früheren Tagen „Scheid" genannt wurde.

Vor etwa 700 bis 800 Jahren sind die vielen auf „-scheid" endenden Westerwalddörfer, wie „Liebenscheid" oder „Breitscheid", als kleine Inseln in den damals noch geschlossenen Wald eingerodet worden.

Östlich von Rabenscheid liegt am Aubach die Fischbachmühle, die ihre Ursprünge im Jahre 1618 hat.

Durch ihre Lage außerhalb des Ortes war die Mühle besonders durch Kriegseinflüsse gefährdet, so zum Beispiel als sie 1796 durch kaiserliche Soldaten geplündert wurde.

Heute steht die Wassermühle aufgrund ihrer orts- und technikgeschichtlichen Bedeutung unter Denkmalschutz.

Zugangswege / Orte am Weg

Waldaubach

Einwohnerzahl: 419
Länge: 1,7 km
Kontinuierlicher Abstieg um 60 Höhenmeter auf 560 m ü. NN in den Ort.

Heisterberg

Einwohnerzahl: 351
Besonderheiten: Heisterberger Weiher
Länge: 4,5 km
Kontinuierlicher Abstieg um 80 Höhenmeter über Waldaubach auf 540 m ü. NN in den Ort.

116 DIE WILDEN WEIBER IM AUBACHTAL

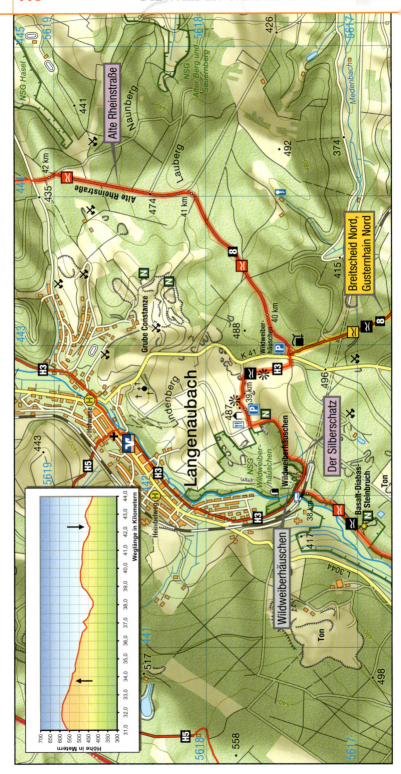

DIE WILDEN WEIBER IM AUBACHTAL 117

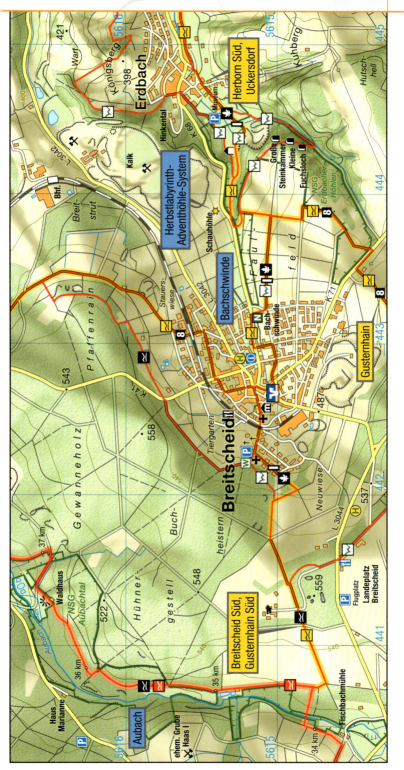

DIE WILDEN WEIBER IM AUBACHTAL

Länge: 8,7 km - Naturnahe Wege: 37 %, Befestigte Wege: 63 % - Höhendifferenz: 165 m, max. Steigung/Gefälle: 14 % - Wald: 71 %, Offene Landschaft: 29 %

Aubach

Der Aubach entspringt auf der Fuchskaute und führt sein Wasser in Haiger der Dill zu. In Mäandern schlängelt sich heute der naturnahe Bach durch ein verhältnismäßig enges Tal, das sich erst in Langenaubach weitet. Ursprünglich wurde der Aubach als Mühlbach genutzt. Mindestens neun Mahlmühlen haben seine Wasser betrieben, wozu noch etliche Öl-, Papier- und Farbmühlen kamen. Da die vom Tal aufsteigenden Berghänge durch unterschiedliche Gesteinsvorkommen geprägt sind, wurden beispielsweise Schiefer, Grünstein, Basalt, Kalk und Grauwacke lange Zeit abgebaut und in den Mühlen verarbeitet. Nach 1960 wurde der Mühlenbetrieb aus wirtschaftlichen Gründen eingestellt. Heute sind nur noch die Ruinen einiger Mühlen erhalten.

Entlang des Weges trifft man auf einen alten Basalt – Diabas – Steinbruch, der als Naturdenkmal geschützt ist. Es lohnt sich, den Weg zu verlassen und einen Blick durch das „Gesteinstor" in das Innere zu werfen.

Bachschwinde

Am Erdbach in Breitscheid findet man die Bachschwinde „Kleingrubenloch". Sie ist Bestandteil eines Karstlehrpfades. Dort versickert das Wasser in Felsspalten eines Höhlensystems und tritt nach 14 - 30 Stunden in einer etwa 1,2 km entfernten Quelle wieder aus.

Schauhöhle Herbstlabyrinth

Das Herbstlabyrinth ist das größte Höhlensystem Hessens und eines der bedeutendsten Deutschlands. Seit der Entdeckung 1993 ist immer wieder Spektakuläres gefunden worden. So sind es die Gangdimensionen und die zum Teil großflächigen Versinterungen, die in weitem Umfeld ihresgleichen suchen. Ein Teil der Höhle ist für die Öffentlichkeit zugänglich und gilt als Schaufenster der „Juwelierkunst" der Geologie: die Schauhöhle Herbstlabyrinth in Breitscheid. In Szene gesetzt wurde das „Schaufenster" durch eine ein-

Zugangswege / Orte am Weg

Breitscheid Süd

Einwohnerzahl: 1.962
Besonderheiten: Karstlehrpfad
Länge: 2,3 km
Anstieg, bevor es auf 500 m ü. NN in den Ort hinab geht.

Gusternhain Süd

Einwohnerzahl: 832
Besonderheiten: Barstein (Vulkanfelsen)
Länge: 7,0 km
An- und Abstieg, bevor es über Breitscheid auf 530 m ü. NN in den Ort hinauf geht.

Langenaubach

Einwohnerzahl: 1.798

zigartige LED-Lichttechnik. Erstmalig in Europa wurde eine Tropfsteinhöhle vollständig mit dieser energiesparenden und zukunftsweisenden Technik ausgestattet und gehört mit ihrem individuellen Führungskonzept zu den modernsten Schauhöhlen europaweit. Infos unter www.zeitspruenge.de

Wildweiberhäuschen

In den Höhlen des Wildweiberhäuschens wohnten vor langer Zeit die „Wilden Weiber". Sie waren allen guten, fleißigen Menschen zugetan und halfen ihnen, wo sie nur konnten. Am Hang der Fuchskaute wohnte ein armer, aber rechtschaffender Schäfer, dem sie besonders gewogen waren. Zu ihm kamen sie oft, buken ihm gutes Brot, so dass er nie Hunger zu leiden brauchte und zeigten ihm die heilkräftigen Kräuter für die kranken Schafe. Vielen anderen fleißigen Leuten halfen sie sogar bei der Ernte.

Böse und faule Menschen wurden dagegen von den Wilden Weibern bestraft. Das musste ein Bauer aus dem Dorf erfahren, der ihnen von der Wäsche, die sie am Bach unterhalb des Felsens zum Bleichen und Trocknen ausgebreitet hatten, ein Hemd gestohlen hatte.

Um Mitternacht kamen sie vor sein Haus, verursachten ein großes Getöse, drangen in Scharen zur Türe hinein, tanzten mit höllischem Lärm um das

Bett des Bauern, bis er ihnen endlich das Hemd wieder gab.

Als die Gruben und Steinbrüche viel Unruhe in ihre Wohnungen brachten und die Höhlen gefährdeten, ließen sie sich immer seltener sehen, zogen sich immer tiefer in die Felsen zurück und verschwanden zuletzt ganz.

Der Silberschatz

Eine Sage erzählt, dass in einem alten Stollen am Wildweiberhäuschen ein Schatz verborgen sei und zwei Männer vergeblich versucht hätten, ihn zur mitternächtlichen Stunde zu heben. Im Frühjahr 1953 wurde er dann wirklich gefunden! Allerdings war es nur „ein kleiner Silberschatz". Am Eingang eines in die Tiefe führenden Stollens fand ein Geologiestudent zuerst zwei kleine Silberplättchen. Als die Zeitungen den Fund veröffentlichten, meldeten sich weitere Leute aus der Umgebung, die bereits an der gleichen Stelle Münzen gefunden hatten.

Nach intensiven Forschungen konnten 85 Münzen aus der Zeit zwischen 1156 und 1308 sichergestellt werden.

Bei der überwiegenden Mehrheit der Münzen handelt es sich um so genannte „Händelheller", die in der Stadt Schwäbisch – Hall geprägt wurden. Aufgrund ihres geringen Gewichtes wurden sie meist gewogen und nicht gezählt. So kaufte man zum Beispiel eine Sache für „3 Pfund Silber". Der Schatz wurde höchstwahrscheinlich in den sehr unruhigen Zeiten der Dernbacher Fehde um 1320 vergraben, um ihn vor plündernden Kriegsleuten zu verstecken.

Zugangswege / Orte am Weg

Breitscheid Nord
Länge: 2,9 km
Fast ebenerdiger Wegverlauf, Anstieg um 10 Höhenmeter

Gusternhain Nord
Länge: 6,6 km
Geringer Anstieg auf 530 m ü. NN.

Uckersdorf
Einwohnerzahl: 1.028
Länge: 6,3 km
Besonderheiten: Vogelpark (Mitte März bis Anfang November tägl. 9.30 - 19.00 Uhr)
Abstieg auf 230 m ü. NN.

Herborn Süd
Einwohnerzahl: 8.587
Länge: 12,3 km
Besonderheiten: Altstadt mit mittelalterl. Stadtanlagen, Rathaus aus 1589, Schloß (erbaut um 1300), evangelischen Stadtkirche (erbaut vor 1200)
Abstieg auf 200 m ü. NN.

JAHRTAUSENDE ALTE SPUREN

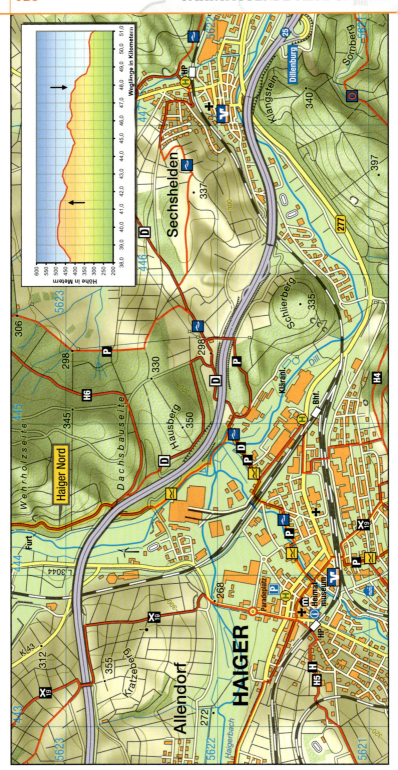

JAHRTAUSENDE ALTE SPUREN 121

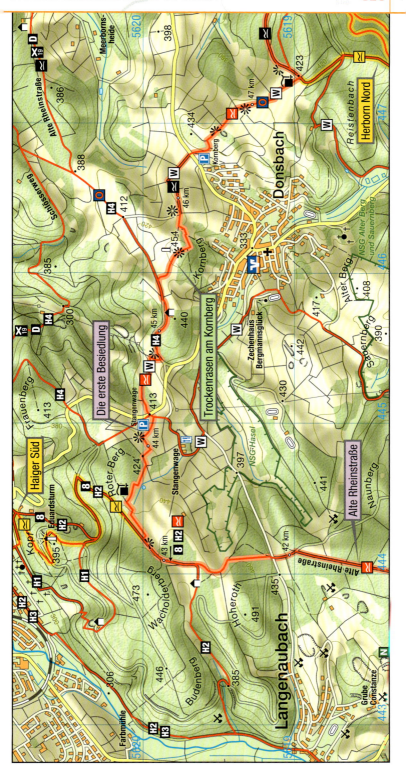

JAHRTAUSENDE ALTE SPUREN

Länge: 6,8 km - Naturnahe Wege: 10 %, Befestigte Wege: 90 % - Höhendifferenz: 190 m, max. Steigung/Gefälle: 24 % - Wald: 23 %, Offene Landschaft: 77 %

Alte Rheinstraße

Die seit mehr als tausend Jahren genutzte „Alte Rheinstraße" gehört wie die im Winterberger Land verlaufende Heidenstraße zu den frühen Fernhandelswegen. Sie verband die Wirtschaftsräume am Rhein mit den Städten des Westerwaldes.

Für ihren Verlauf spielte beispielsweise die Stadt Haiger im Mittelalter eine entscheidende Rolle. Haiger war Sitz eines großen Dekanates des trierischen Erzbistums und verfügte über einen eigenen Gerichtshof.

Außerdem wirkte die Macht des höchsten Landesherren von seinem Königshof auf ein umfangreiches Einflussgebiet. Mit seinen Märkten bewies Haiger die außerordentlich günstige Verkehrslage im Wirtschaftsleben jener Zeit.

Mit Kirche, Gericht, Königshof und Markt war die Stadt der geistlich – kulturelle, politische, verwaltungsmäßige und wirtschaftliche Mittelpunkt eines weiten Raumes im Grenzgebiet von Westerwald, Sieg, Rothaar und Dill.

Orte von solcher Lage und Bedeutung waren immer Ausgangs- oder Schnittpunkt wichtiger Fernstraßen.

Im Bereich des Rothaarsteig® - Zugangsweges nach Haiger spaltet sich die Rheinstraße und führt zum einen über den Kornberg bei Donsbach weiter nach Dillenburg, zum anderen über den Wacholderberg nach Haiger.

In ihrem Verlauf stieg die Straße damals nur dann von den Höhenrücken in die meist versumpften Talniederungen, wenn es galt, an günstiger Stelle einen Flussübergang zu gewinnen. Eine solche Furt war in Haiger möglich, wo die Dill gequert werden konnte.

Westlich von Donsbach eröffnen sich besonders im Bereich der Kuppen gute Fernsichten auf die hügelige, vielfältig strukturierte Landschaft in Richtung Nordwesten beziehungsweise Nordosten.

Zugangswege / Orte am Weg

Haiger Süd

Einwohnerzahl: 5.635
Besonderheiten: Karsthöhle
Länge: 2,9 km
Kontinuierlicher Abstieg von 450 m ü. NN um 170 Höhenmeter auf 280 m ü. NN in die Stadt.

Die erste Besiedlung

Als Anfang des 20. Jahrhunderts ein Steinbruch angelegt werden sollte, stieß man auf den Eingang zu einem verzweigten Höhlen- und Spaltensystem. Dabei war es möglich, bis zu 20 Meter tief in den Felsen hineinzuklettern.

Bei einer eingehenden Untersuchung entdeckte man Knochen von Höhlenbären und Wollhaarnashörnern, wobei die gefundenen Tierknochen Rückschlüsse über die menschliche Erstbesiedlung der Region zulassen.

JAHRTAUSENDE ALTE SPUREN

Es wird davon ausgegangen, dass sich die Tiere nicht von alleine durch die Spalten und Engpässe in die dahinter liegende Höhle zwängen konnten, sondern dass sie als erlegte Beute, in kleine Teile zerlegt von Menschen in die Höhle getragen wurden.

Dies geschah wahrscheinlich vor etwa 12.000 Jahren, als die Menschen der Alt-Steinzeit in Höhlen Zuflucht vor dem damals sehr viel kälteren Klima suchten und neben Bären auch Jagd auf Büffel und Rentiere machten.

Gesichert ist allerdings, dass spätestens ab 5.000 v. Chr. Menschen in dieser Region lebten. Dieses kann durch einen Zahnfund belegt werden.

Weitere Funde wie zum Beispiel Hacken, Beile und Tonscherben lassen darauf schließen, dass ab etwa 3.000 v. Chr. die Menschen Ackerbau betrieben und in einer hausähnlichen Wohnung gelebt haben.

Trockenrasen am Kornberg

Die Landschaft rund um den Kornberg ist durch so genannte Trockenrasen geprägt. Sie sind größtenteils durch menschliche Bewirtschaftung wie Schafbeweidung oder einmal jährliche Mahd entstanden.

Ein Trockenrasen entwickelt sich nur auf extrem trockenen und sonnigen Flächen und fällt in den Sommermonaten besonders durch die vielen bunt blühenden Kräuter auf.

Die Pflanzen benötigen nur sehr wenig Erdboden und gedeihen auch auf felsigen Standorten gut. Sie trotzen der Sonneneinstrahlung und Trockenheit durch wasserspeichernde Blätter oder eine feine Behaarung auf der gesamten Oberfläche als Schutz vor Verdunstung. Auffällig ist auch, dass sehr viele verschiedene Tierarten auf den Flächen zu finden sind. Stark vermehrt treten Insekten auf, insbesondere Schmetterlinge, aber auch Heuschrecken und Zikaden. An sonnigen Tagen werden außerdem viele wärmeliebende Reptilien wie Eidechsen angelockt, die mit etwas Glück beobachtet werden können.

Von der Kuppe des 454 m hoch liegenden Kornbergs hat man eine weite Sicht über den Trockenrasen, die daran angrenzenden Hänge und viele kilometerweit entfernt liegende Orte.

An klaren Tagen ist sogar die Aussicht bis in den südlich gelegenen Taunus möglich.

Eine Rast auf dem Kornberg ist unbedingt zu empfehlen. Östlich von Donsbach eröffnen sich noch mehrmals weite Fernsichten.

Zugangswege / Orte am Weg

Donsbach

Einwohnerzahl: 1.541
Besonderheiten: Wildpark

Herborn Nord

Einwohnerzahl: 8.587
Besonderheiten: Altstadt mit mittelalterlichen Stadtanlagen, Rathaus aus 1589, Schloß (erbaut um 1300), evangelische Stadtkirche (erbaut vor 1200)
Länge: 8,4 km
Abstieg auf 200 m ü. NN.

124 EINGANGSPORTAL DILLENBURG

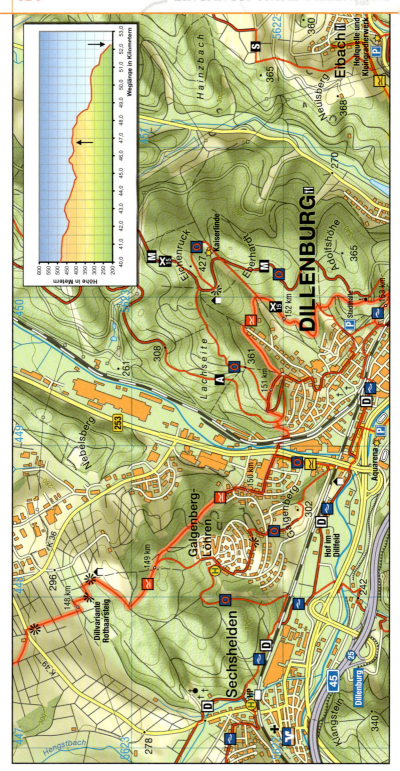

EINGANGSPORTAL DILLENBURG 125

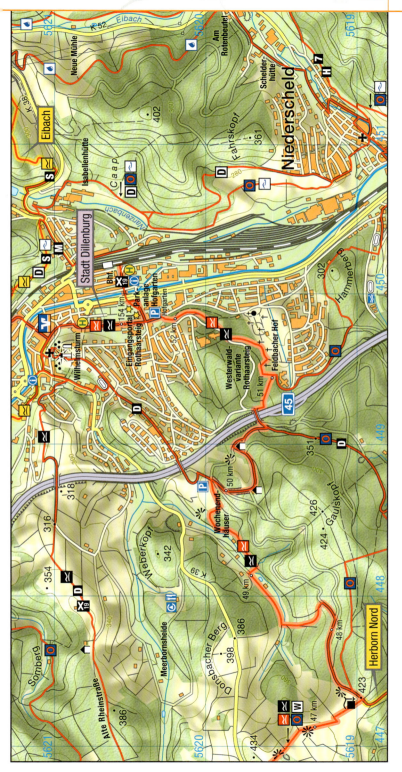

EINGANGSPORTAL DILLENBURG

Länge: 6,2 km - Naturnahe Wege: 27 ‰, Befestigte Wege: 73 % - Höhendifferenz: 220 m, max. Steigung/Gefälle: 24 % - Wald: 52 %, Offene Landschaft: 32 ‰, Bebauung: 15 %

Stadt Dillenburg

Etwa 2,5 km südwestlich des Dillenburger Stadtrandes bietet sich eine schöne Aussicht auf die im Dilltal gelegene Stadt. Weithin sichtbar ist der hoch über den Häusern aufragende Wilhelmsturm.

In Dillenburg befindet sich das Eingangsportal des Rothaarsteiges®. Hauptweg und Westerwaldvariante treffen im Hofgarten aufeinander. Nicht weit vom Eingangsportal beginnt die von vielen gut erhaltenen Fachwerkhäusern und kleinen Gässchen geprägte Altstadt. Von dort gelangt man über viele steile Treppen auf den 295 m hohen Schlossberg. Der Fußweg führt vorbei an der im Jahre 1491 geweihten evangelische Stadtkirche. Im Inneren des wunderschön restaurierten Gotteshauses befindet sich auch die Grablege des Hauses Nassau –Dillenburg, aus dem das heutige Niederländische Königshaus hervorgegangen ist.

Erstmals wurde die Bergkuppe Anfang des 12. Jahrhunderts mit einer Burganlage bebaut, diese wurde 1325 nach zahlreichen Fehden in Schutt und Asche gelegt. Graf Wilhelm der Reiche baute die Anlage 1535 zu einem Schloss aus. Die starke, etwa 20 m hohe Befestigungsmauer verleiht dem Schlossberg noch heute sein imposantes Aussehen. Im siebenjährigen Krieg, am 13. Juli 1760 wurde das Schloss nach nur 14-tägiger Belagerung von den Franzosen mit glühenden Kugeln in Brand geschossen und zerstört.

Heute stehen außer dem ehemaligen Gefängnis nur noch Ruinen. Größtenteils erhalten geblieben sind jedoch die Kasematten. Diese unterirdischen Ver-

Zugangswege / Orte am Weg

Dillenburg

Einwohnerzahl: 9.542
Besonderheiten: Schlossruine mit Wilhelmsturm, Hessisches Landgestüt mit Kutschenmuseum, Ev. Stadtkirche mit Fürstengruft, Wirtschaftsgeschichtliches Museum, Kasematten (größte unterirdische Verteidigungsanlagen in Deutschland)

Eibach

Einwohnerzahl: 1.206
Länge: 2,1 km
Besonderheiten: Heilquelle mit Gradierwerk, Bergmannspfad
Bewegter Auf- und Abstieg hinauf auf 300 m ü. NN

Zugangswege / Orte am Weg

teidigungsanlagen gelten als die größten ihrer Art in Deutschland und können im Rahmen einer Führung besichtigt werden. Dabei kann man sich eine Vorstellung über ihre Größe machen: in Kriegszeiten konnten über 2.000 Soldaten zur Verteidigung des Schlosses unterkommen. Unweit des Wilhelmsturmes stößt man auf die „Wilhelmslinde". In Ihrem Schatten hat Wilhelm I. von Oranien im Jahre 1568 eine niederländische Delegation von Flüchtlingen empfangen, die ihn um Unterstützung im Kampf gegen die Spanier ersuchten.

Er rüstete sie mit allen ihm zur Verfügung stehenden Mitteln aus. Das ging soweit, dass seine Verwandtschaft ihr

gesamtes Gold und Silber abgeben und nur noch aus hölzernem und zinnernem Geschirr essen musste. Viele Westerwälder zogen damals mit in den Krieg und vergossen ihr Blut für die Freiheit der Niederlande. Bei der heutigen Wilhelmslinde handelt es sich um einen Zögling der damaligen Linde.

Ebenfalls auf dem Schlossberg steht die

Villa Grün, benannt nach dem Gruben- und Hüttenbesitzer Carl Grün. 1914/15 im neoklassizistischen Stiel erbaut, beherbergt die Villa Grün heute das Wirtschaftsgeschichtliche Museum . Freunde des alten Handwerks kommen hier auf ihre Kosten. In mehr als 20 Räumen wird die Geschichte und ungewöhnliche Viel-

falt der Wirtschaft im Dillgebiet gezeigt. Diese reicht unter anderem vom Bau von Heizkraftanlagen, über die Herstellung haarfeiner Drähte, den Bergbau, die Eisenverhüttung oder den Glockenguss bis zu einem in Deutschland einmaligen Genossenschaftswesen, die Haubergswirtschaft.

Dillenburg ist bekannt für das im 18. Jahrhundert eingerichtete Hessische Landgestüt. In einer alten Tradition wird die Pferdezucht in Hessen gefördert. Ein kleiner aber feiner Hengstbestand wird den Pferdezüchtern zur Verfügung gestellt. Aufgrund ihres Körperbaus, ihrer Abstammung und ihres Leistungsnachweises sind diese Hengste besonders geeignet, die Qualität hessischer Pferde zu gewährleisten und das geforderte Zuchtziel zu erreichen.

Nachdem der Bergbau und die Schwerindustrie Ende der 70er Jahre weitgehend aufgegeben wurden, spielt neben Handel und Gewerbe der Tourismus eine wichtige Rolle. Die Altstadt lädt zu einem geruhsamen Bummel ein.

ROTHAARSTEIG – DER WEG DER SINNE

ROTHAARSTEIG - DER WEG DER SINNE 129

Entfernungstabelle Hauptweg

Höhe ü. NN	Etappenpunkt Hauptweg	Entfern. km	Karte Seite	Text Seite
450	Brilon-Marktplatz	0,0	22	24
480	NSG Drübel	1,2	22	
500	Möhnequelle	3,2	23	25
534	Brilon-Petersborn	4,2	23	
629	Borbergs Kirchhof	8,5	26	28
661	Ginsterkopf	13,5	26	29
550	Feuereiche	14,8	27	28
520	Bruchhauser Steine (Info-Center)	17,5	27	29
750	Richtplatz	22,9	31	33
843	Langenberg	24,6	34	36
838	Clemensberg / NSG Neuer Hagen	27,8	34	36
785	Hoppeckequelle	29,0	34	37
660	Medebach-Küstelberg	34,5	38	40
645	Wagenschmier	36,2	38	40
660	Erlebnispunkt „Wald als Wirtschaftsraum"	38,8	38	41
670	Ruhrquelle	39,0	38	41
680	Alte Heidenstraße	40,6	38	41
670	Winterberg Innenstadt	42,6	42	
733	St.-Georg-Schanze Winterberg	44,2	42	45
730	Halbstundenkreuz	45,6	42	45
760	Blutstein	47,3	46	48
841	Kahler Asten	48,9	46	48
835	Lennequelle	49,2	46	49
769	Winterberg-Neuastenberg / Lenneplätze	50,8	46	
715	Winterberg-Langewiese	53,4	47	50
745	Wildererstein	55,3	47	51
730	Winterberg-Hoheleye	55,8	47	51
729	Albrechtsplatz	56,9	52	
752	Heidenstock	59,4	52	54
750	Abzweig Talvariante Rothaarsteig©	60,0	52	54
720	Skulptur „Kein leichtes Spiel"	60,8	53	54
695	Bad Berleburg-Kühhude	61,7	53	55
710	Skulptur „Stein, Zeit, Mensch"	62,3	53	55
665	Hängebrücke / „Ökosystem Wald"	62,6	53	55
740	Großer Kopf	65,8	57	
660	Millionenbank	69,3	57	59
660	Erlebnispunkt „Wald und seine Eigentümer"	69,3	57	
660	Abzweig Talvariante Rothaarsteig©	69,3	57	
666	Kleiner Heidkopf	72,3	60	
640	Schmallenberg-Jagdhaus	73,2	60	62
680	Sombornquelle	76,4	60	
685	Margaretenstein	78,3	64	66
680	Rhein-Weser-Turm	82,2	65	67
675	Erlebnispunkt „Waldschule"	82,7	65	
480	NSG Schwarzbachtal	85,6	68	70
630	NSG Haberg	88,2	69	70
673	Dreiherrnstein	90,1	69	71
625	Oberndorfer Höhe	92,8	72	
600	Ferndorfquelle	93,5	72	74
580	Ginsburg	97,7	73	74
654	Giller-Aussichtsturm	99,2	73	75
560	Hilchenbach-Lützel	101,0	76	
540	Edertal / NSG Eicherwald	104,5	76	78
630	Ederquelle	107,3	77	79
635	Kohlenstraße	108,0	77	82

HAUPTWEG

Höhe ü. NN	Etappenpunkt Hauptweg	Entfern. km	Karte Seite	Text Seite
570	Erndtebrück-Benfe	109,5	78	
570	Benfebach	109,5	78	82
620	Bad Laasphe-Großenbach	111,7	80	
600	Siegquelle	112,2	80	83
622	Ilmquelle	113,4	81	
605	Lahnquelle/Lahnhof	115,8	81	83
620	Ilsequelle	120,1	84	86
670	Jagdberg	121,5	84	
670	Eisenstraße	121,7	84	78
590	Kaffeebuche	124,0	85	87
578	Haincher Höhe	126,9	88	
560	Dillquelle	128,1	88	90
551	Tiefenrother Höhe	132,9	89	91
510	Erlebnispunkt „Haubergspfad"	134,3	89	
520	Kalteiche	134,6	89/92	
520	Abzweig Westerwald-/Dillvariante	134,6	89/92	94
440	Lucaseiche	136,2	92	94
380	Forsthaus Steinbach	137,1	92	94
310	Haiger-Rodenbach	142,2	93	
305	Dillenburg-Manderbach	146,7	96	98
302	Dillenburg-Galgenberg	150,5	97	98
260	Dillenburg-Bismarcktempel	153,0	97	98
237	Dillenburg-Hofgarten	154,2	97	98
235	Dillenburg-Bahnhof	154,8	97	98
	TALVARIANTE			
752	Heidenstock	0,0	52	54
710	Landwehr (Alte Schanze)	2,4	52	54
710	Schmallenberg-Schanze	2,5	52	54
530	Altarstein	6,0	56	58
475	ND Dicke Eiche	7,5	56	59
400	Schmallenberg-Latrop	9,7	56	58
660	Millionenbank	13,7	57	59
	WESTERWALDVARIANTE			
520	Kalteiche	0,0	89/92	
520	Abzweig Westerwald-/Dillvariante	0,0	89/92	94
563	Hirschstein	1,1	100	
428	Burbach-Würgendorf	7,4	104	
546	NSG Großer Stein	12,8	104	
470	Burbach-Lützeln	14,9	108	110
560	Kaolintongrube "Auf dem Kreuz"	17,0	108	
530	Rennerod-Liebenscheid	19,8	109	
580	Rennerod-Weißenberg	22,3	109	
610	ND Ketzerstein	22,9	112	114
656	NSG Fuchskaute	26,7	113	114
540	Dreiländereck	31,1	112	
565	Breitscheid-Rabenscheid	33,8	112	115
450	ND Basaltsteinbruch	37,5	116	118
425	NSG Wildweiberhäuschen	38,2	116	118
473	Alte Rheinstraße	41,2	121	122
430	NSG Kornberg	45,2	121	123
280	Feldbacher Hof	51,2	125	
235	Dillenburg-Hofgarten	52,5	125	126

Zugangswege

Lfd. Nr.	ZUGANGSWEGE	Länge km	Karte Seite
1	Olsberg	3,7	26
2	Brilon Wald	2,5	27
3	Elleringhausen	1,9	27
4	Willingen	3,2	31
5	Niedersfeld	3,2	34
6	Schwalefeld	8,5	35
7	Hildfeld	2,0	35
8	Usseln	8,8	35
9	Titmaringhausen	5,1	35
10	Düdinghausen	10,2	35
11	Referinghausen	6,8	38
12	Oberschledorn	9,3	38
13	Deifeld	3,9	38
14	Medebach	9,4	38
15	Grönebach	1,7	38
16	Elkeringhausen	1,7	39
17	Liesen	10,1	42
18	Hallenberg	14,0	42
19	Züschen	7,6	42
20	Siedlinghausen	8,9	46
21	Silbach	6,3	46
22	Altastenberg	1,7	46
23	Nordenau	6,0	46
24	Girkhausen Nord	5,8	47
25	Westfeld	4,2	47
26	Girkhausen Süd	5,3	52
27	Oberkirchen	4,3	52
28	Winkhausen	6,8	52
29	Grafschaft	5,8	52
30	Bad Berleburg Nord	8,8	53
31	Bad Berleburg Süd	8,1	57
32	Wingeshausen Nord	6,2	60
33	Aue	8,6	60
34	Schmallenberg	9,2	60
35	Fleckenberg	5,8	60
36	Lenne	7,6	60
37	Wingeshausen Süd	6,0	60
38	Milchenbach	5,2	64
39	Saalhausen	8,2	64
40	Langenei	10,2	64
41	Kickenbach	10,9	64
42	Altenhundem	14,7	64
43	Oberhundem Nord	4,2	64
44	Oberhundem Süd	3,5	64
45	Panoramapark	0,6	65
46	Birkelbach Bhf.	6,0	68
47	Wirme	10,9	68
48	Heinsberg Nord	4,6	68
49	Welschen-Ennest	19,0	68
50	Heinsberg Süd	3,6	69
51	Zinse	2,5	69

ZUGANGSWEGE

Lfd. Nr.	ZUGANGSWEGE	Länge km	Karte Seite
52	Helberhausen	2,6	72
53	Hilchenbach Nord	5,1	72
54	Hilchenbach Süd	6,3	73
55	Kreuztal	14,7	73
56	Erndtebrück	7,3	76
57	Sohlbach	5,8	77
58	Volkholz	2,5	80
59	Feudingen Nord	6,6	80
60	Glashütte	3,0	80
61	Walpersdorf	4,5	80
62	Nenkersdorf	5,9	80
63	Beienbach	11,1	80
64	Netphen	12,8	80
65	Deuz	8,1	84
66	Banfe	5,8	84
67	Bad Laasphe Nord	14,2	84
68	Feudingen Süd	8,3	84
69	Hesselbach	8,1	84
70	Bad Laasphe Süd	18,3	84
71	Fischelbach	7,3	84
72	Ewersbach	7,3	84
73	Hainchen Nord	2,7	85
74	Irmgarteichen Nord	2,3	88
75	Hainchen Süd	2,2	88
76	Eibelshausen	10,4	88
77	Rittershausen	4,5	88
78	Irmgarteichen Süd	3,1	89
79	Offdilln	3,4	89
80	Gernsdorf	3,0	89
81	Rudersdorf	4,6	89
82	Wilgersdorf	1,7	89
83	Dillbrecht	2,9	92
84	Haiger Nord	4,3	93
85	Eibach	2,1	97
86	Siegen	19,9	100
87	Wilnsdorf	6,5	100
88	Burbach	2,7	104
89	Holzhausen	3,1	105
90	Niederdresselndorf	3,1	108
91	Heisterberg	4,5	113
92	Waldaubach	1,7	113
93	Gusternhain Süd	7,0	117
94	Breitscheid Süd	2,3	117
95	Herborn Süd	12,3	117
96	Uckersdorf	6,3	117
97	Gusternhain Nord	6,6	116
98	Breitscheid Nord	2,9	116
99	Haiger Süd	2,9	121
100	Herborn Nord	8,4	125

Etappenvorschläge Rothaarsteig©

Für die individuelle Planung Ihrer Rothaarsteig©-Wanderung haben wir für Sie drei Etappenvorschläge zusammengestellt. Im Gastgeberverzeichnis Rothaarsteig© finden Sie Angaben zur Entfernung von gastronomischen Betrieben zum Steig oder einem Zugangsweg.

Erwandern Sie den Rothaarsteig© in 6, 8 oder 12 Etappen.

Streckenabschnitte für eine 6-Tages-Tour:

Brilon – Willingen	(24 km)
Willingen – Winterberg	(22 km)
Winterberg – Jagdhaus	(30 km)
Jagdhaus – Lützel	(28 km)
Lützel – Haincher Höhe	(27 km)
Haincher Höhe – Dillenburg	(27 km)

Streckenabschnitte für eine 8-Tages-Tour:

Brilon – Willingen	(24 km)
Willingen – Winterberg	(22 km)
Winterberg – Schanze	(19 km)
Schanze – Rhein-Weser-Turm	(24 km)
Rhein-Weser-Turm – Lützel	(19 km)
Lützel – Lahnhof	(15 km)
Lahnhof – Wilgersdorf	(21 km)
Wilgersdorf – Dillenburg	(21 km)

Streckenabschnitte für eine 12-Tages-Tour:

Brilon – Elleringhausen	(17 km)
Elleringhausen – Willingen	(13 km)
Willingen – Küstelberg	(15 km)
Küstelberg – Kahler Asten	(15 km)
Kahler Asten – Schanze	(13 km)
Schanze – Jagdhaus	(16 km)
Jagdhaus – Oberhundem	(11 km)
Oberhundem – Lützel	(24 km)
Lützel – Lahnhof	(15 km)
Lahnhof – Hainchen	(13 km)
Hainchen – Fellerdilln	(13 km)
Fellerdilln – Dillenburg	(13 km)

Weitere Informationen und Buchungen
beim Rothaarsteigverein e.V. unter 018 05 / 15 45 55*

*14 Cent pro Minute aus dem deutschen Festnetz, Mobilfunkpreise können abweichen, max. 42 Cent

TOURISTISCHE INFORMATIONSSTELLEN

Allgemeine Öffnungszeiten

Die touristischen Informationsstellen am Steig erreichen Sie von Montag bis Donnerstag zwischen 9.00 und 16.00 Uhr und Freitag bis 12.30 Uhr. Darüber hinausgehende Öffnungszeiten können Sie den nachfolgenden Adressen entnehmen.

Regionen

Sauerland-Tourismus e.V.
Johannes - Hummel - Weg 1 · 57392 Schmallenberg - Bad Fredeburg
Tel.: 02974 / 202190 · Fax: 02974 / 96 98 88
www.sauerland.com · info@sauerland.com · Servicecenter täglich von 8.00 - 22.00 Uhr

Touristikverband Siegerland-Wittgenstein e. V.
Koblenzer Straße 73 · 57072 Siegen · Tel.: 0271 / 333-1020 · Fax: 0271 / 3 33-1029
www.siegerland-wittgenstein-tourismus.de · tvsw@siegen-wittgenstein.de
Öffnungszeiten: Mo - Fr 8.30 -17.00 Uhr

Tourist-Info „AG Hessischer Rothaarsteig"
Hauptstraße 19 · 35683 Dillenburg · Tel.: 02771 / 896-209 · Fax: 02771 / 896-159
www.dillenburg.de · touristinfo@dillenburg.de
Öffnungszeiten: Mo - Fr 8.00 - 16.00 Uhr, Do - 18.00 Uhr, Sa 10.00 - 14.00 Uhr (April bis Oktober)

Westerwald Touristik-Service
Kirchstraße 48 a · 56410 Montabaur · Tel.: 02602 / 30 01-0 · Fax: 02602 / 947325
www.westerwald.info · mail@westerwald.info
Öffnungszeiten: Mo - Fr 9.00 - 17.00 Uhr; Sa 10.00 - 13.00 Uhr

Orte

BWT Brilon Wirtschaft und Tourismus GmbH
Derkere Straße 10a · 59929 Brilon · Tel.: 02961 / 96990 · Fax: 02961 / 969996
www.brilon-tourismus.de · bwt@brilon.de
Öffnungszeiten: Mo - Fr 9.00 - 18.00 Uhr; Sa 9.00 - 12.30 Uhr

Olsberg-Touristik
Ruhrstraße 32 · 59939 Olsberg · Tel.: 02962 / 97370 · Fax: 02962 / 973737
www.olsberg-touristik.de · touristik@ts-olsberg.de
Öffnungszeiten: Mo - Fr 9.00 - 17.00 Uhr; Sa 9.30 - 12.30 Uhr

Tourist-Information Willingen
Am Hagen 10 · 34508 Willingen · Tel.: 05632 / 96943-53 · Fax: 05632 / 96943-95
www.willingen.de · willingen@willingen.de
Öffnungszeiten: Mo - Fr 9.00 - 18.00 Uhr, Sa 9.00 - 14.00 Uhr, So 9.00 - 12.00 Uhr

Tourist-Information Winterberg
Am Kurpark 4 · 59955 Winterberg · Tel.: 02981 / 92500 · Fax: 02981 / 925024
www.winterberg.de · info@winterberg.de
Öffnungszeiten: Mo - Fr 9.00 - 17.30 Uhr; Sa 10.00 - 16.00 Uhr; So 10.00 - 15.00 Uhr (nur an verkausoffenen Sonn- und Feiertagen)

Touristik-Gesellschaft Medebach mbH
Marktplatz 1 · 59964 Medebach · Tel. 02982 / 9 21 86 10 · Fax: 0 29 82 / 9 21 86 11
www.medebach-touristik.de · info@medebach-touristik.de
Öffnungszeiten: Mo - Fr 9.00 - 13.00 Uhr, 14.00 - 17.00 Uhr; Sa 9.30 - 12.00 Uhr

Touristik- und Marketing GmbH Hallenberg
Petrusstr. 2 · 59969 Hallenberg · Tel.: 02984 / 8203 · Fax: 02984 / 31937
www.hallenberg-tourismus.de · tourismus@hallenberg-info.de
Öffnungszeiten: Mo - Sa 10.00 - 12.00 Uhr, Mo, Di, Do 15.00 - 17.00 Uhr

Gästeinformation Schmallenberger Sauerland
Poststraße 7 · 57392 Schmallenberg · Tel.: 02972 / 97400 · Fax: 02972 / 974026
www.schmallenberger-sauerland.de · info@schmallenberger-sauerland.de
Öffnungszeiten: Mo - Do 9.00 - 17.00 Uhr, Fr 9.00 - 18.00 Uhr, Sa 9.30 - 13.00 Uhr, So 10.00 - 13.00 Uhr (April - Oktober)

TOURISTISCHE INFORMATIONSSTELLEN

Markt und Tourismus e.V. Bad Berleburg
Poststraße 42 · 57319 Bad Berleburg · Tel.: 02751 / 9363-3 · Fax: 02751 / 936343
www.wunderwelt-am-rothaarsteig.de · info@wunderwelt-am-rothaarsteig.de
Öffnungszeiten: Mo - Fr 9.00 - 17.00 Uhr, Sa 10.00 - 12.30 Uhr

Tourist-Information Lennestadt & Kirchhundem
Hundemstraße 18 (Bahnhof Altenhundem) · 57368 Lennestadt
Tel.: 02723 / 608800 · www.lennestadt-kirchhundem.de · info@lennestadt-kirchhundem.de
Öffnungszeiten: Mo - Fr 9.00 - 18.00 Uhr, Sa 9.00 - 13.00 Uhr

Gemeinde Erndtebrück Touristinformation
Talstraße 27 · 57339 Erndtebrück · Tel.: 02753 / 605-111 · Fax: 02753 / 605-100
www.erndtebrueck.de · info@erndtebrueck.de
Öffnungszeiten: Mo - Mi 8.00 - 16.00 Uhr, Do 8.00 - 18.00 Uhr, Fr 8.00 - 12.00 Uhr

Touristik-Information Hilchenbach
Markt 13 · 57271 Hilchenbach · Tel.: 02733 / 288133 · Fax: 02733 / 288288
www.hilchenbachtourist.de · touristinfo@hilchenbach.de
Öffnungszeiten: Mo - Mi 7.00 - 16.30 Uhr, Do 7.00 - 18.00 Uhr, Fr 7.00 - 12.30 Uhr

Tourist-Information Kreuztal
Siegener Straße 5 · 57223 Kreuztal · Tel.: 02732 / 51-0 · Fax: 02732 / 4534
stadt.kreuztal@kreuztal.de · www.kreuztal.de
Öffnungszeiten: Mo - Mi 8.30 - 12.00 Uhr, 13.30 - 15.45 Uhr,
Do 8.30 - 12.00 Uhr, 13.30 - 17.00 Uhr, Fr 8.30 - 13.00 Uhr

Kultur und Touristik Netphen
Amtsstraße 2+6 · 57250 Netphen · Tel.: 02738 / 603238 · Fax: 02738 / 6034111
www.netphen.de · touristikbuero@netphen.de
Öffnungszeiten: Mo - Fr 8.15 - 12.30 Uhr, Mo + Di 13.00 - 15.45 Uhr, Mi 13.00 - 15.00 Uhr,
Do 13.00 - 16.45 Uhr

Tourismus, Kur- und Stadtentwicklung Bad Laasphe GmbH
Wilhelmsplatz 3 · 57334 Bad Laasphe · Tel.: 02752 / 898 · Fax: 02752 / 7789
www.tourismus-badlaasphe.de · info@tourismus-badlaasphe.de
Öffnungszeiten: Mo - Fr bis 9.00 - 12.30 Uhr + 13.30 - 17.30 Uhr, Sa 10.00 - 12.00 Uhr

Gemeindeverwaltung Dietzhölztal
Hauptstraße 92 · 35716 Dietzhölztal · Tel.: 02774 / 8070 · Fax: 02774 / 807-50
www.dietzhoelztal.de · info@dietzhoelztal.de
Öffnungszeiten: Mo 8.00 - 12.30 + 13.30 - 17.00 Uhr, Di - Do 8.00 - 12.30 Uhr + 13.00 - 15.30
Uhr, Fr 8.00 - 12.00 Uhr

Gemeindeverwaltung Eschenburg
Nassauer Straße 11 · 35713 Eschenburg · Tel.: 02774 / 915-0 · Fax: 02774 / 915-310
www.eschenburg.de · info@eschenburg.de
Öffnungszeiten: Mo bis 16.30 Uhr, Di - Do bis 15.30 Uhr, Fr bis 12.00 Uhr

Kulturamt Haiger
Marktplatz 7 · 35708 Haiger · Tel.: 02773 / 811150 · Fax: 02773 / 811311
www.haiger.de · kulturamt@haiger.de
Öffnungszeiten: Mo - Mi 8.00 - 12.30 Uhr + 13.30 - 16.00 Uhr,
Do 8.00 - 12.30 Uhr + 13.30 - 18.00 Uhr, Fr 8.00 - 12.00 Uhr

Tourist-Info Dillenburg
Hauptstraße 19 · 35683 Dillenburg · Tel.: 02771 / 896-151 · Fax: 02771 / 896-159
www.dillenburg.de · touristinfo@dillenburg.de · Öffnungszeiten: Mo - Mi 8.00 - 16.00 Uhr,
Do 8.00 - 18.00 Uhr, Fr 8.00 - 16.00 Uhr Sa 10.00 - 14.00 Uhr (April - Oktober)

Touristen-Information Siegen
Rathaus/Markt 2, 57072 Siegen
Tel.: 0271 / 404-1316 · Fax: 0271 / 22687, www.siegen.de · a_junge@siegen.de
Öffnungszeiten: Mo - Fr 9.00 - 17.00 Uhr, Sa + So 11.00 - 15.00 Uhr

Gemeindeverwaltung Wilnsdorf
Marktplatz 1 · 57234 Wilnsdorf ·Tel.: 02739 / 802-249 · Fax: 02739 / 802139
www.wilnsdorf.de · rathaus@wilnsdorf.de
Öffnungszeiten: Mo - Fr 8.00 - 12.15 Uhr + 13.15 - 16.00 Uhr, Fr 8.00 - 12.00 Uhr

EINGANGSPORTAL BRILON 137

Gemeinde Burbach
Eicherweg 13 · 57299 Burbach · Tel.: 02736 / 4522 · Fax: 02763 / 4555
www.burbach-siegerland.de · touristinfo@burbach-siegerland.de
Öffnungzeiten: Mo - Fr 8.30 - 12.00 Uhr + 14.00 - 16.00 Uhr, Do bis 17.30 Uhr,
Fr 8.30 - 12.00 Uhr

Tourist-Information "Hoher Westerwald"
Westernoher Str. 7a · 56477 Rennerod · Tel.: 02664 / 9939093 · Fax: 02664 / 9931994
www.hoher-westerwald-info.de · touristinfo@rennerod.de
Öffnungzeiten: Mo, Di, Do + Fr 8.00 - 12.30 Uhr + 14.00 - 17.30 Uhr, Mi 8.00 - 14.00 Uhr
Sa 10.00 - 12.00 Uhr (Mai - Sept.)

Gemeinde Driedorf
Wilhelmstraße 16 · 35759 Driedorf · Tel.: 02775 / 9542-0 · Fax: 02775 / 954299
www.driedorf.de · info@driedorf.de · Öffnungzeiten: Mo - Do 8.30 - 12.00 Uhr,
Mo 14.00 - 17.30 Uhr, Di + Do 14.00 - 16.00 Uhr, Fr 8.30 - 13.00 Uhr

Gemeinde Breitscheid -Touristinfo
Rathausstraße 14 · 35767 Breitscheid · Tel.: 02777 / 913321 · Fax: 02777 / 811538
www.gemeinde-breitscheid.de · tourist-info@gemeinde-breitscheid.de
Mo + Di 13.30 - 15.30 Uhr, Do 13.30 - 17.00 Uhr

Stadtmarketing Herborn GmbH
Hauptstraße 39 · 35745 Herborn · Tel.: 02772 / 708-1900 · Fax: 02772 / 708-400
www.herborn.de · tourist@herborn.de
Öffnungzeiten: Mo - Do 8.00 - 16.30 Uhr, Fr 8.00 - 12.30 Uhr, Sa + So 14.00 - 17.00 Uhr
(Mai-Oktober)

Die Qualitätsbetriebe Rothaarsteig

Bis ins Detail auf Wanderer eingestellt.

Eine herzliche Atmosphäre und unverfälschte Authentizität, das ist es, was unsere Qualitätsgastgeber entlang des Rothaarsteig© vereint. Viele von Ihnen sind seit der Eröffnung des Fernwanderweges mit dabei - wenn auch in vielen Betrieben inzwischen die junge Generation nach internationalen Lehr- und Wanderjahren die Verantwortung übernommen hat. Eine Bereicherung, die Bewährtes mit frischen Ideen würzt und Tradition und Moderne sensibel und nachhaltig verbindet: nicht nur auf der Speisenkarte, sondern auch in Reiseangeboten, die Wandern, Wildwetter, Wellness und vieles mehr gekonnt integrieren.

Hier 10 gute Gründe, warum Sie in einem Qualitätsbetrieb Rothaarsteig© einkehren und dort bei Ihrer mehrtägigen Wanderung auf dem Rothaarsteig© übernachten sollten:

1. **Hol- und Bringservice:** Wir fahren Sie, in Zusammenarbeit mit ortsansässigen Taxiunternehmen, zum Steigabschnitt oder Wandergebiet Ihrer Wahl – und holen Sie am Ziel Ihrer Tour auch gern wieder ab. Bei größeren Entfernungen bzw. Einzelübernachtungen behalten wir uns jedoch eine gewisse Beteiligung an den entstehenden Kosten vor.

2. **Tourenberatung:** Unsere Mitarbeiter kennen sich aus und informieren Sie kompetent und gern über den Rothaarsteig© und das Wanderangebot der Region.

3. **Reservierungsservice und Gepäcktransfer:** Auf Wunsch reservieren wir Ihre nächste Nacht in einem Qualitätsbetrieb Ihrer Wahl und bringen Ihr Gepäck dort hin.

4. **Wichtige Information auf einen Blick**: Unsere ROTHAARSTEIG-Infomappe informiert Sie umfassend: Über vielfältige Tourenvorschläge, allerlei Wissenswertes über Flora und Fauna, aktuelle Bus- und Bahnverbindungen, weitere Tipps zur Region und Museen, Shopping und Theaterbesuchen.

5. **Kartenmaterial und Literatur:** Wir bieten ROTHAARSTEIG-Karten sowie Wanderliteratur zur Vorbereitung Ihrer Wanderungen oder leihen Ihnen beides für die Zeit Ihrer Wanderung aus.

6. **Ausrüstungsverleih:** Ebenso statten wir Sie leihweise mit Wanderrucksäcken, -stöcken und Thermosflaschen aus.

7. **Säuberungs- und Trocknungsservice:** Schmutzige Schuhe? Feuchte Kleidung? Säubern bzw. trocknen Sie (oder wir für Sie) unterstützt von Putz- und Waschmaschinen bzw. Trocknern.

QUALITÄTSBETRIEBE

8. **Geführte Wanderungen:** Wir gehen gern und regelmäßig mit unseren Gästen auf Tour. Und informieren Sie über ergänzende Angebote, z.B. Wanderungen mit den Rangern des Landesbetriebes Wald und Holz NRW.

9. **Natur- und Umweltschutz:** Wir lieben unsere Natur und schützen sie, indem wir z.B. Abfallvermeidung dem Recycling vorziehen und uns bestens mit Bus- und Bahnverbindungen auskennen.

10. **Genussvolle Küche:** Wir kochen regional mit typisch heimischen Produkten, wie Wild, Forellen, Kräuter oder Pilzen. Unterwegs schmecken Ihnen unsere individuell für Sie zusammengestellten Lunchpakete.

Ob Gasthof, Pension, Ferienhaus, Jugendherberge oder Fünf-Sterne Hotel: Trägt ein Betrieb das Siegel „Qualitätsbetrieb RHS", erwarten Sie Wanderkompetenz, Service und freundliche Gastlichkeit.

Vom "einfachen Wanderer" bis hin zum "umweltbewussten Naturgenießer" finden Sie hier den professionellen Rahmen für einen angenehmen Aufenthalt auf dem Rothaarsteig©.

Rothaarsteig© -
154 km Wandererlebnis und noch viel mehr...

Für die individuelle Planung auf dem Rothaarsteig© haben wir Ihnen nachfolgendes Informationsmaterial zusammengestellt, das kostenfrei erhältlich ist.

Unser **Übersichtskarte Rothaarsteig** gibt Ihnen eine Übersicht über den Streckenverlauf des Rothaarsteigs©. Neben einer Kilometrierung enthält die Karte wichtige Etappenpunkte, alle Erlebnisstationen und Zugangswege mit Entfernungsangaben.

Das **Gastgeberverzeichnis** enthält eine Auswahl von Übernachtungsmöglichkeiten rechts und links des Weges. Die Beherbergungsbetriebe sind entsprechend des Wegeverlaufes von Norden (Brilon) nach Süden (Dillenburg) aufgelistet. Unter der Rubrik „Essen und Trinken" sind Gastronomische Betriebe für die Einkehr zwischen oder auch nach Ihrer Wanderung aufgelistet.

Eine große Auswahl von Arrangements zu Streckenwanderungen (mit fast täglich wechselnden Unterkünften) und Standortwanderungen auf dem Rothaarsteig© und den angrenzenden Wanderwegen finden Sie in unserem **Reisemagazin** mit vielen Pauschalangeboten. Zugleich finden Sie alles Wissenswerte über den Rothaarsteig© - und was ihn so besonders macht. Vorgestellt wird die Markierung, das Wanderleitsystem, das designte Rothaarsteig©-Mobiliar mit Waldliege, Waldsofa und Vesperinsel, die Qualitätsbetriebe und natürlich alles, was im Rothaarsteig©-Shop erhältlich ist.

Für den Überblick über den Rothaarsteig© und das angrenzende Wanderwegenetz empfehlen wir Ihnen die Rothaarsteig©-Wanderkarte im Maßstab 1:50.000. Die Karte besteht aus den Kartenblättern Nord und Süd und ist ideal zur Planung Ihrer Wanderung auf dem Rothaarsteig© und seinen Zugangswegen sowie für Rundwanderungen und kann in unserem Wanderladen unter **www.rothaarsteig.de** bestellt werden.

EINGANGSPORTAL BRILON 141

Praktisches als Andenken
Suchen Sie ein kleines Andenken an Ihre Wanderung auf dem Rothaarsteig©? Oder möchten Sie einfach Ihre Wanderausrüstung mit ausgesuchten Artikeln aus dem Rothaarsteig©-Shop erneuern oder ergänzen?

Hier unsere Tipps:

Rothaarsteig©-Bildband
Der Bildband von Klaus-Peter Kappest ist beim Rothaarsteigverein e. V. erhältlich. Neben dem Blick auf die Sehenswürdigkeiten und Aussichtspunkte am Rothaarsteig© stellt dieses Buch mit vielen Fotos immer wieder die kleinen Besonderheiten am Wegesrand in den Mittelpunkt.

Rothaarsteig©-Wandersocke
TK2: Körpergerechte rechte und linke Trekking-Strümpfe von FALKE mit anatomischer Fußform. Stoßdämpfend, druckentlastend und gelenkschonend! Für Damen und Herren.

DVD „Auf dem Weg der Sinne" -
Wandern am Rothaarsteig©
90-minütiger Film über die Wanderung einer achtköpfigen Wandergruppe in sechs Tagesetappen über den gesamten Rothaarsteig© von Brilon bis Dillenburg.

Rothaarsteig©-Rucksack
Tatonka Tivano Wanderrucksack
Speziell für die Bedürfnisse von Wanderern entwickelt. X Vent Vario-System, optimale Lastenverteilung, Belüftungssystem. Ausstattung: Wanderstockhalterung; Zwei seitliche Balgtaschen; Deckelfach mit herausnehmbarer Regenhülle; Brustgurt mit Signalpfeife; Trinksystemvorbereitung; Lichthalterung
Abmessungen: 60 x 30 x 20 cm
Gewicht: 1,40 kg, Volumen: 30 l
System: X Vent Vario-System,
Textreme 6.6 und Snow Dia, Regenhülle: inklusive
Preis: 89,95 € (Änderungen in Preis und Ausstattung vorbehalten)
Erhältlich auch mit einem Volumen von 15, 20 oder 38 Litern

Wir nehmen gerne Ihre Bestellungen entgegen. Weitere Produkte finden Sie in unserem Rothaarsteig© – Shop unter www.rothaarsteig.de
Ihr Rothaarsteig©-Team

Rothaarsteig© - Postfach 1360 - 57378 Schmallenberg
Tel. 0 18 05/15 45 55* • Fax 0 18 05/15 45 65*
www.rothaarsteig.de • info@rothaarsteig.de
*14 Cent pro Minute aus dem deutschen Festnetz,
Mobilfunkpreise können abweichen, max. 42 cent pro Minute

Quellennachweis

BACH, A.: Deutsche Namenskunde. Heidelberg 1953

BERGER, D.: Geographische Namen in Deutschland – Herkunft und Bedeutung der Namen von Ländern, Städten, Bergen und Gewässern. 2. Auflage, Mannheim, Leipzig, Wien, Zürich 1999

DORSTEN, I., HÜSER, A. und T. HÜLSMANN: Das Herbstlabyrinth-Adventhöhle-System. Die erste Riesenhöhle Hessens - eine vorläufige Beschreibung - Speläologische Arbeitsgemeinschaft Hessen e.V. Breitscheid 2006, veröffentlicht unter http://www.sah-breitscheid.de

FREDE, M.: Natur- und Landschaftsführer Siegerland und Wittgenstein. Kreuztal 1999

FÖRSTER, U.: Harde, Riede, Moose - Landschaftsnamen in der Bundesrepublik Deutschland, wie sie entstanden und was sie bedeuten. Frankfurter Allgemeine Zeitung vom 24. November 1995

HENNECKE, G., BRÜSCHKE, R. und H. KOERDT: Hochsauerland. Brilon 1999

WIED, H.: Sagen und Märchen aus den Wittgensteiner Bergen. Selbstverlag des Herausgebers. Bad Laasphe 1985

http://www.ahlering.de/Rothaargebirge/rothaargebirge.html

Texte zum Thema Geologie des Rothaargebirges und zum Thema Naturräume stammen von Dr. Matthias Piecha, Geologischer Dienst Nordrhein-Westfalen, 47803 Krefeld

Texte zum Thema Böden des Rothaargebirges stammen von Heinrich Wolfsperger, Geologischer Dienst Nordrhein-Westfalen, 47803 Krefeld

Der Original Rothaarsteig ErlebnisWanderführer ist ein Produkt, das durch die Mithilfe und das große Engagement einer Vielzahl von ehren- und hauptamtlichen Mitarbeitern entlang des Rothaarsteiges© entstanden ist. Durch die zahlreichen Informationen und Textbeiträge aller Beteiligten wird der Rothaarsteig© auf besondere Weise für den Wanderer erlebbar gemacht.

Redaktion: Dr. H. Knoche, U. Becker

Original ErlebnisWanderführer Rothaarsteig©
Rothaarsteigverein e. V.
ISBN 978-3-9809857-6-5
NE: Rothaarsteigverein e. V.

IMPRESSUM

Impressum
6. Auflage 2014

Trotz sorgfältiger Recherche kann der Original ErlebnisWanderführer Rothaarsteig® Fehler enthalten. Für die Richtigkeit der Angaben übernimmt der Rothaarsteigverein e. V. keine Gewähr.
Sollten Ihnen bei Ihrer Wanderung inhaltliche oder kartographische Unstimmigkeiten auffallen, würden wir uns über eine Nachricht an unten angeführte Adresse freuen.

Herausgeber:
Rothaarsteigverein e. V.   www.rothaarsteig.de
Johannes-Hummel-Weg 2   info@rothaarsteig.de
57392 Schmallenberg

Bestandsdatenerhebung vor Ort, Text und Layout:
AG ErlebnisWandern, Paderborn, Helmut Bangert, Nicole Lütke-Bexten
erlebniswandern@aol.com

Kartographie:
Ingenieurbüro Müller & Richert GbR, Gotha
www.mr-kartographie.de

Fotos:
Klaus - Peter Kappest, Hilchenbach, www.kappest.de
Björn Hänssler, Stuttgart, www.bopicture.de

Weitere Fotos:
Peter Fasel, Burbach
Dr. Harald Knoche, Schmallenberg
Dr. Matthias Piecha, Krefeld
Frank Rosenkranz, Olsberg
Christa Velten, Halblech-Buching
Heinrich Wolfsperger, Krefeld
Gemeinde Kirchhundem
Stadt Winterberg

Druck:
Glade – Druck, Schmallenberg
www.glade.de

Gedruckt auf pretex® 50.120
und pretex® 50.250 von Neenah Lahnstein.
www.neenah-lahnstein.de

Das Werk einschließlich aller seiner Teile ist urheberrechtlich geschützt. Jede Verwertung außerhalb des Urheberrechtsgesetzes ist ohne Zustimmung des Herausgebers unzulässig und strafbar. Das gilt insbesondere für Vervielfältigungen, Übersetzungen, Mikroverfilmungen sowie die Einspeicherung und Verarbeitung in elektronischen Systemen.

Hinweis: Das Rothaarsteig® – Logo ist ein geschütztes Markenzeichen (Marke Nr. 300 60 147, Deutsches Patent- und Markenamt).

ORIGINAL ROTHAARSTEIG WALDMÖBEL©

Holen Sie sich ein Stück des „Weg der Sinne" nach Hause!

Verschiedene Versionen des Rothaarsteig-Mobiliars im eigenen Design stehen zur Auswahl:

Waldsofas, Ruhebänke, Waldliegen und Vesperinseln.

Technische Details: Untergestell frei stehend oder zum einbetonieren; feuerverzinkt; Holzlattung aus unbehandelter, heimischer Douglasie, gehobelt und gefast.

Ab 641,- EURO zzgl. Versandkosten.

154 km | 3931 Höhenmeter

SOFORT BESTELLEN
im Rothaarsteig WanderLADEN
www.rothaarsteig.de

DER WEG DER SINNE